AFTER CORONA 10YEARS

팬데믹 이후의 세계

A.C.10

JTBC 팩추얼 〈A.C.10〉 제작진 지음

코로나 쇼크와 인류의 미래과제

중앙
books

이 책에 도움을 주신 석학 18인

마르쿠스 가브리엘 Markus Gabriel**(철학자)**

최연소의 나이로 독일 본 대학교 철학과 교수에 취임했으며, 현재 세계에서 가장 주목받고 있는 철학자다. 최근에는 팬데믹과 디지털 시대의 한계도 인류가 도덕과 윤리를 통해 극복할 수 있다고 강조하며 변화와 위기의 해결사로도 통하고 있다. 저서로는《초예측, 부의 미래》(공저)《왜 세계사의 시간은 거꾸로 흐르는가》등이 있다.

자크 아탈리 Jacques Attali**(경제학자)**

정치, 경제, 문화, 역사를 아우르는 지식과 통찰력으로 사회 변화를 예리하게 전망하는 것으로 유명한 경제학자다. 기후 위기·금융 버블·공산주의 약화 등 세계의 변화를 정확하게 꿰뚫어봤을 뿐만 아니라 팬데믹의 발발을 경고하기도 했다. 저서로는《생명경제로의 전환》《어떻게 미래를 예측할 것인가》등이 있다.

원톄쥔溫鐵軍**(중국 인민 대학교 농업·농촌개발학부 교수)**

현재 중국 사회 변화를 이끄는 가장 주목받는 지식인으로, 개혁개방 이후 중국 사회가 성장과 효율을 내세울 때 농촌 문제의 심각성과 중요성을 주장해 국가 핵심 의제로 만든 학자이자 실천가다. 저서로는《백년의 급진》《여덟 번의 위기》《오늘부터의 세계》(공저) 등이 있다.

장하준(경제학자)

2003년 신고전파 경제학에 대안을 제시한 경제학자에게 주는 뮈르달 상을, 2005년 경제학의 지평을 넓힌 경제학자에게 주는 레온티예프 상을 최연소로 수상함으로써 세계적인 경제학자로 명성을 얻었다. 현재 영국 케임브리지 대학교 경제학과 부교수로 재직 중이며, 저서로는《코로나 사피엔스》(공저)《오늘부터의 세계》(공저)《그들이 말하지 않은 23가지》등이 있다.

슬라보예 지젝Slavoj Zizek(철학자)

우리 사회의 현상과 사건을 역설적 관점에서 해부하는 독창적인 통찰력으로, 21세기의 가장 중요한 사상가로 손꼽히는 철학자다. 현재 슬로베니아 류블랴나 대학교 사회학 연구소의 선임연구원으로 활동 중이다. 저서로는《잃어버린 시간의 연대기》《팬데믹 패닉》《포스트 코로나 뉴노멀》등이 있다.

가이 스탠딩Guy Standing(국제노동기구ILO 선임경제학자)

주로 노동경제학, 노동시장정책, 실업, 구조조정 등에 관해 많은 글을 써온 사회적 보호 분야의 권위자. 최근에는 프레카리아트 계급의 부상에 주목하며 무조건적인 기본소득정책에 대해 관심을 기울이고 있다. 저서로는《공유지의 약탈》《불로소득 자본주의》등이 있다.

리처드 윌킨슨Richard G. Wilkinson(사회전염병 학자)

영국 노팅엄 대학교에서 사회전염병학 명예교수를 역임했다. 1980년 건강 불평등에 관한 블랙보고서Black Report를 발표해 세계적으로 주목받았으며, 해당 분야의 국제 연구가 발전하는 데 결정적인 계기를 제공했다.

제롬 김Jerome Kim(국제백신연구소 사무총장)

미국 예일대 의대 출신의 내과의사이자 백신 개발 전문가다. 2015년 한국계 최초로 국제백신연구소International Vaccine Institute 사무총장에 올랐으며, 이후 세계 공중보건을 위해 백신을 개발하고 연구하는 데 힘쓰고 있다.

강칠용(캐나다 웨스턴온타리오 대학교 의과대학 박사)

세계적인 바이러스 전문가이자 분자 바이러스학 발전에 기여한 1세대 학자. 현재는 캐나다 웨스턴온타리오 대학교 미생물학 및 면역학과 교수를 지내며 코로나19 백신 개발 연구에 힘쓰고 있다.

리처드 해쳇Richard Hatchett(감염병혁신연합CEPI 최고경영자)

영국 런던의 의사이자 세계보건기구World Health Organization와 세계백신면역연합Global Alliance for Vaccines and Immunization과 함께 국제 백신 공동구매 및 배포 조직 COVAX를 이끄는 국제민간기구 '감염병예방혁신연합Coalition for Epidemic Preparedness Innovations'의 대표로 활동 중이다.

바네사 캐리Vanessa Karry(시드 글로벌 헬스SGH 최고경영자)

자원 제한 국가에서 간호 및 의료 교육 지원을 제공하는 국제 비영리기업 '시드 글로벌 헬스Seed Global Health'의 설립자다. 미국 매사추세츠 종합병원 소속 의사이기도 한 그녀는 의료진들과 함께 코로나19 대응의 최전선에서 힘쓰고 있다.

수바라오 캄밤파티Subbarao Kambhampati(미국 애리조나 주립대학교 컴퓨터과학부 교수)

인간 중심의 AI 연구를 펼치고 있는 인공지능 전문가다. 미국 애리조나 주립대학교 컴퓨터과학부 교수로 재직하며, 더 나은 세상을 만들기 위한 AI 방향을 모색하고 있다.

이택광(문화평론가)

시대의 문제를 가장 정확하게 이야기하는 문화평론가이자 경희대학교 글로벌커뮤니케이션학부 영미문화 전공 교수다. 저서로는《철학자의 아틀리에》《포스트 코로나 뉴노멀》등이 있다.

한재권(공학기술자)

미국 버지니아 공대에서 공학박사를 취득한 로봇공학자로, (주)로보티즈에서 수석연구원을 역임했다. 현재는 한양대학교 공과대학에서 로봇공학과 교수로 재직 중이며, 로봇공학 후학 양성에 힘쓰고 있다.

문정주(공공의료 연구자)

가정의학과 전문의이자 보건복지부 공공보건의료지원단에서 연구원으로 일하며 공공보건의료 강화, 공공병원 평가와 지원에 관한 보고서를 다수 썼다. 지난 2020년에는 이탈리아 롬바르디아주에서 벌어진 코로나19 대참사의 원인을 분석한 의료 견문록을 완성한 바 있다.

유기윤(서울대학교 건설환경공학부 교수)

미국 위스콘신 주립대학교에서 도시정보 공학으로 박사 학위를 받았다. 2000년부터 현재까지 서울대학교 교수로 재직 중이며, 도시의 다양한 정보시스템에 관심을 가지고 관련 알고리즘의 개발이나 시스템 설계를 수행 중이다.

문용식(한국지능정보사회진흥원NIA 원장)

㈜나우콤의 대표이사를 역임한 이후 대통령 직속 4차 산업혁명위원회 위원을 지내는 등 디지털 정보화 시대의 전문가로 평가받았다. 현재는 대한민국 정보화 정책개발과 정보격차 해소 등을 지원하기 위해 설립된 공공기관 한국지능정보사회진흥원에서 활동 중이다.

안데레스 스위트 (에스토니아 정보기술부 장관)

디지털 강국 에스토니아의 정보기술부 장관을 역임하고 있다. 에스토니아는 세계 최초로 2005년 전자투표 실시, 2014년 전자영주권 제도를 만드는 등 디지털 국가로 전환하여 경제성장의 원동력을 마련했다.

텅 빈 도심, 드문드문 보이는
마스크를 쓴 얼굴은 모두 무표정해 보인다.
코로나19가 발생한 초기에만 해도,
이 사태가 금방 지나갈 거라고 생각한 사람이 많았다.

그러나 상황은 점점 심각해지고,

들리는 건 절망적인 소식.

급기야 코로나의 종말은 기대할 수 없을지도 모른다는
불안이 고개를 들기 시작했다.
세계보건기구의 게브레예수스 WHO 사무총장은
"우리는 과거로 돌아갈 수 없으며
새로운 일상을 맞이할 준비를 해야 한다"고 발표했다.

한국의 정은경 질병관리본부장 역시
"코로나19라는 위기는 보건의료 위기로 끝나는 게 아니라
사회·경제적으로 미치는 영향이 상당히 크다.
예전의 일상으로 돌아가는 것은 어렵다.
지속 가능한 새로운 일상을 준비해야 한다"고 우려했다.

백신이 개발되었지만 근본적인 치료제는 아직 나오지 않았고,

코로나 바이러스는 여전히 우리 주변에 존재한다.

이제 인류는 '위드 코로나(With Corona)'를 준비하고 있다.

바야흐로 코로나와 공생하는 '뉴노멀' 시대다.

Before Corona

뉴욕타임스 칼럼니스트 토마스 프리드먼은

기원전을 뜻하는 B.C.와 기원후를 뜻하는 A.D.를

코로나 이전을 뜻하는 B.C.(Before Corona)와

After Corona

코로나 이후를 뜻하는

A.C.(After Corona)로 써야 할지 모른다고 말했다.

세계는 코로나 이전과 이후로 나뉠 것이다.

이제 영점이다.

이전의 세상이 다시 올 수 없다면 이제부터는,

우리가 살아보지 못한 미지의 세상이 펼쳐질 것이다.

코로나 이후의 세상, 인류는 어떤 길을 선택할 것인가.

노란 숲속에 두 개의 길이 있었다

먼 훗날 나는 한숨 쉬며 말하겠지

숲속에 두 갈래 길이 있었다고

그리고 나는

사람들이 덜 걸은 길을 택했다고

그로 인해 모든 것이 달라졌다고

— 로버트 프로스트(1874~1963)

결코 되돌릴 수 없는, '빅' 뉴노멀 시대가 온다

'팬데믹이 멈춘다면, 우리는 코로나 이전의 일상으로 돌아갈 수 있을까?' 시대의 물음이자, 방송을 기획하게 된 핵심 화두였다. JTBC 팩추얼 제작진은 세계 석학들에게 이 질문을 던지고, 또 던졌다. 근 1년 동안, 그들이 보내온 수백 장의 답변지가 쌓였다. 이를 요약하는 것이 얼마나 무모한 일인 줄은 알지만, 그래도 한 줄로 압축하면 다음과 같다.

"B.C.(Before Corona)는 가고, A.C.(After Corona)가 시작된다."

이 명제는 코로나19의 등장이 인류가 그동안 직면해온 그 어떤 사태보다 훨씬 더 큰 영향을 줄 것이라는 전제에서 출발한다. 변형된 세상, 새로운 일상을 뜻하는 '뉴노멀New Normal'을 내다본 것이다. 뉴노멀은 2008년 금융위기 이후 출현한 새로운 경제금융 질서를 의미하는 말이다. 당시 저성장, 저소비, 고실업, 고위험, 규제 강화가 대표적인 증상이었다. 그렇지만 이번 팬데믹이 몰고 올 뉴노멀은 금융위기 이후의 모습과는 사뭇 다르다. 경제금융 질서만이 아니라, 사회계급과 지구촌 패권에도 강력한 변화를 예고하기 때문이다. 이러한 맥락에서 팬데믹 이후의 세상을 뉴노멀이 아닌, '빅' 뉴노멀이라고 부르고 싶다.

JTBC 다큐 3부작 〈A.C.10〉은 팬데믹 이후 다가올 빅 뉴노멀 시대에, 인류가 당면하게 될 미래과제를 크게 세 가지로 정리했다. 백신과 바이오 패권 전쟁을 다룬 1부 '백신의 욕망', AI 사회와 이에 따른 노동시장의 변화를 다룬 2부 '노동의 재구성', 빅브라더 딜레마와 정부의 역할을 다룬 3부 '국가의 이유'다. 이를 취재하고 제작하는 과정에서 우리는 자크 아탈리, 슬라보예 지젝, 마르쿠스 가브리엘, 원톄쥔, 장하준 등 현시대가 가장 주목하는 세계 지성인들의 날카로운 예측과 탁월한 식견을 직접 들을 수 있었다. 하지만 아쉽게도 편성시간의 제약으로 인해 방송에서는 그들의 탁견을 단 10분의 1도 담아내지 못했다. 이제 나머지 10분의 9를 책에서 풀어놓으려 한다. 제작진도 놀라게 했던, 세계 석학들이 펼치는 미래지식의 향연을 기대하시라. 절대 실망하지 않을 것이다.

이규연
JTBC 대표이사 사장

After Corona, 2030년
인류의 모습을 세계 석학들에게 묻다

2020년, 세상이 변했습니다. 주범은 아직도 유행 중인 코로나 19입니다. 눈에 보이지도 않는, 작은 바이러스가 마치 전쟁과도 비등하게 아니, 전쟁보다도 더 많은 죽음과 피해와 두려움을 불러일으키고 있습니다. 인류에게 닥친 최악의 위기, 코로나 쇼크를 두고 마이크로소프트 창업자인 빌 게이츠는 이렇게 말했습니다. "세상은 전쟁에 대비하는 데 많은 돈을 씁니다. 군사 예산이 많아서 매일매일 새로운 무기가 만들어지죠. 이것도 전쟁과 똑같습니다. 우리는 대비해야 할 것입니다."

어느덧 코로나는 2019년 12월 최초 보고된 이후 23개월째에 접어들었습니다. 인류의 노력 끝에 힘겹게 백신이 개발되었지만, 또 다른 변이 바이러스가 출현하면서 여전히 코로나의 위협 속에 살아가고 있습니다. 우리나라 역시 하루에도 약 2,000명이 넘는 확진자가 발생하고 있으며, 이제 사람과 사람이 만나는 것이 가장 위험한 일이 되어버렸습니다.

그리운 얼굴을 만나고 싶어도 쉽사리 만나자는 말도 못 꺼내는 현실. 나로 인해 누군가가 혹은 누군가로 인해 내가 코로나에 감염될까 봐 도망자처럼 숨어 지내는 일상. 영화관에서 콜라와 팝콘을 먹는 일은 먼 옛날이야기가 되어버렸고, 매일 바뀌는 코로나 확진자의 통계 안에서 우리는 통제와 감시에 익숙해진 채 살아가고 있습니다.

'이제 정말 코로나 이전의 일상은 돌이킬 수 없는 과거가 된 것일까? 그렇다면 코로나 이후 변화될 새로운 세상은 어떤 모습일까? 바이러스의 박멸은 영원히 불가능한 일일까? 만약 가능하다면 지금 우리는 무엇을 준비하고, 시작해야 하는 걸까?'

우리는 이 질문을 가지고 JTBC 팩추얼 〈A.C.10〉 프로그램 기획을 시작했습니다. 그리고 어쩌면 세계 역사상 최초로 'After Corona', 즉 A.C.1년으로 기록될 수 있는 현시점에서 해결의 실마리를 찾기 위해 글로벌 석학과 전문가들을 만나 자문을 구했습니다.

첫 번째는 사실상 팬데믹의 장기화와 재유행에 대비할 수 있는 유일한 극복 방법으로 꼽히는 '백신'입니다. 현재 미국, 영국, 러시아, 독일 등 세계 주요국은 백신 개발에 사활을 걸고 공적 예산을 집중 투입하고 있습니다.

하지만 안타깝게도 국제 공조보다는 자국 우선주의 깃발만 난 무한 상황입니다. 또한 몇몇 백신 제조사가 이익을 추구하기 위해 코로나19 백신 대부분을 부자 나라들에만 수출하고 가난한 나라는 등한시하는 등 백신 쏠림 현상에 대해 세계 석학들은 심각한 우려를 표했습니다.

우리가 만난 석학들과 전문가 집단은 백신의 특허권을 제거하고 이번 팬데믹을 통해 갖추게 된 신기술을 균등하게 분배할 수 있어야 한다고 강조했습니다. 팬데믹은 분명히 다시 찾아올 것이기에, 그때를 대비하여 인류가 무엇을 준비해야 할지 그들과 함께 모색해보았습니다.

이어 두 번째로는 온라인 수업, 재택근무, 배달 앱 사용의 비중이 높아지면서 팬데믹으로 인해 더욱 빠르게 발전한 AI 기술과 이에 따른 노동시장의 변화에 대해 물었습니다.

코로나19로 인해 비대면이 일상화된 우리의 삶에 가장 먼저 반응한 곳은 플랫폼 기업들이었습니다. 앱이나 SNS 등 디지털 플랫폼을 매개로 노동이 거래되는 '플랫폼 자본주의'가 등장한 것입니다. 코로나 바이러스 감염에 두려움을 가진 소비자들에게는 비대면 서비스를 제공하고, 노동자에게는 새로운 일자리를 제공하는 플랫폼 기업. 하지만 그 이면에는 우리가 생각하지 못했던 어두운 그림자도 존재했습니다.

비대면 사회로 발전한 AI 기술은 또 있습니다. 성장 속도가 약 10년을 더 앞서가게 된 로봇 산업입니다. 행여 로봇에게 일자리를 빼앗길까 봐 걱정하는 우리에게 세계 석학과 전문가들은 인간과 로봇이 팬데믹 시대에 공존할 수 있는 방법을 명쾌하게 제시해주었습니다.

마지막 세 번째 질문은 모든 방역 절차와 경과를 국민에게 투명하게 공개해야 하는 임무와 권한을 부여 받은 '정부의 역할'입니다. 국민의 모든 동선이 파악되는 팬데믹 시대에, 개인의 자유는 어디까지 보장되어야 하며, 국가의 통제와 감시는 과연 정당한지를 석학들과 함께 논의했습니다.

나아가 각종 가짜뉴스와 음모론 속에서 우리가 나아가야 할 방향과 위기를 돌파하고 국민의 적극적인 동참을 이끌어내는 지도자의 리더십, 그리고 시민사회의 자발적 통제에 대해 살펴보았습니다.

감히 단언컨대 JTBC 팩추얼 〈A.C.10〉을 제외하고는, 세계적인 석학과 전문가 집단이 코로나 이후의 일상을 주제로 이토록 열띤 대담을 펼친 적은 단 한 번도 없었을 것입니다. 방송에서 편집하여 보여드린 내용은 그야말로 일부분에 불과합니다. 짧은 150분 방송에는 모두 담을 수 없었던 세계 석학들의 'After Corona' 이야기를 다 같이 공유했으면 하는 마음에, 편집된 내용을 모두 되살려 단행본으로 펴냈습니다. 방송을 보시고 부족했던 해답을 이 책을 통해 찾으시길 바랍니다. 책을 먼저 읽으신 분이라면, 상상하던 'After

Corona'의 세상을 방송을 통해 구체적이고 직관적으로 체험해보시길 바라겠습니다.

부디 이 책에 담긴 석학과 전문가 18인의 메시지가 오랜 팬데믹에 지친 여러분의 마음을 움직이고, 함께 연대하여, 코로나19를 현명하게 극복할 수 있는 작은 계기가 되길 바랍니다.

끝으로 이 프로그램을 위해 애써주신 많은 분들께 감사하다는 말을 전하고 싶습니다. 먼저 JTBC 팩추얼 〈A.C.10〉을 제작하는 데 큰 도움을 주신 18명의 글로벌 석학과 전문가들 그리고 프리젠터로 흔쾌히 섭외에 응해주시고 프로그램의 중심이 되어주신 배우 조진웅 님, 웅장한 음악으로 프로그램에 멋스러움을 더해주신 신대철 음악감독님께 감사함을 표현하고 싶습니다.

제작 초기 고생했던 김성은·백형준 님, 끝까지 믿고 따라와 준 서정민 조연출, 오다영 취재작가, 이후 피디, 국내 다큐멘터리 사상 최초로 XR 스튜디오를 제작하느라 매일 밤늦게까지 작업한 트리탑파티 스태프들, 힘들고 어려운 여정을 같이 해주신 오정요 작가 님, 프로젝트의 살림을 맡아준 허진 팀장님과 이민수 프로듀서, 기획 초기부터 제작 내내 좋은 조언을 아낌없이 해주신 장기하 팩추얼 제작단장님, 뒤에서 묵묵히 JTBC 팩추얼 제작단을 지지해주신 이규연 JTBC 대표이사님께도 이 자리를 빌려 감사하다는 말씀을 전합니다.

이 외에도 프로젝트에 참여해주신 수많은 스태프와 연기자들의 노력이 없었다면, JTBC 팩추얼 〈A.C.10〉은 세상의 빛을 보지 못했을 것입니다. 마지막으로 저희 제작진의 1장짜리 기획안만 보고도 출간을 제안해주신 중앙북스 조한별 팀장님, 김수나 과장님께도 감사하다는 말을 전하며 이만 줄이겠습니다.

2021년 10월 파주 편집실에서,

연출 이선우

C O N T E N T S

1부
백신의 욕망

2부

노동의 재구성

백신의 욕망

2030년, 10년 만에 다시 찾아온 팬데믹

"세계보건기구가 오늘 결국 팬데믹을 선언했습니다."

재난을 증명이라도 하듯 주가는 다시 급락했다.

거리의 식당들도 텅텅 비었다. 유럽은 재빨리 봉쇄령을 내렸다.

지난 2020년 팬데믹으로 큰 희생을 치렀던 만큼 이번에는 신속하게 대응했다.

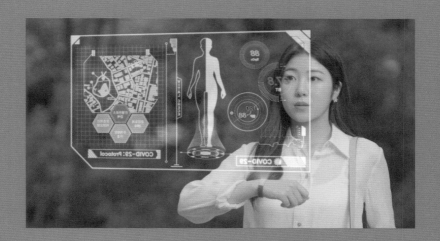

2030년, 사람들의 손목에는 모두 같은 밴드가 채워져 있다.

바로 국민의 건강의 관리해주는 헬스링.

전염병이 발생하면 헬스링이 울려 사람들에게 경고한다.

"귀하가 방문한 건물에서 감염자가 발생하였습니다. 귀하는 감염자와 밀접 접촉자임을 알려

드립니다. 타인과의 접촉을 피하고, 가까운 선별진료소에서 검사를 받으시기 바랍니다."

무인시스템은 마치 자판기처럼 필요한 물품들을 자동으로 내어준다.

"마스크를 쓰세요. 접촉을 최소화하십시오."

선별진료소에서의 절차를 끝내면 문 앞에 도착한 자율주행 셔틀에 탄다.

셔틀이 병원으로 이동하면 사람들은 배정받은 병실로 들어간다. 역시 무인 시스템으로 모든

것이 처리된다.

팬데믹이 다시 찾아온다면, 지금보다 모든 것은 상상 이상으로 빠를 것이고, 간편할 것이며, 정확할 것이다. 그러나 여전히 남은 과제들도 많다.

2030년, 또다시 찾아온 팬데믹에서 실수를 되풀이하지 않으려면, 우리는 무엇을 어떻게 준비해야 할까?

1장

코로나 앞에
속수무책으로 무너진 세계

전 세계를 휩쓴 코로나 바이러스

2020년 3월 11일 세계보건기구World Health Organization, 이하 WHO가 신종 코로나 바이러스 감염증(코로나19)에 대한 팬데믹(세계적 대유행)을 선언했다. 코로나 팬데믹이 준 충격은 엄청났다.

1년이 훌쩍 지난 2021년 5월을 기준으로 사망자는 전 세계적으로 300만 명을 넘어섰다. 확진자는 1억 6,000여만 명, 전 세계 78억 인구의 2%에 달한다. 지구상 인구의 100명 중 2명이 감염됐다는 뜻이다. 코로나19로 인한 미국의 사망자는 이미 제2차 세계대전 사망자를 넘어섰다.

무엇보다 충격적인 건 유럽의 결과. 유럽이 이렇게 속수무책으

코로나 확진 및 사망자 세계 3위국 통계

나라 이름	확진자	사망자
미국	38,818,270	646,696
인도	32,506,100	435,484
브라질	20,583,994	574,944

자료 출처: 워싱턴포스트 코로나 보드 홈페이지, 2021년 8월 25일 기준

로 무너질지 누가 상상이나 했을까. 서구사회는 과학과 보건 시스템이 앞서 있다고 자부한다. 그럼에도 코로나 확산을 막지 못했다. 오히려 대만과 한국 같은 작은 나라들이 상대적으로 더 나은 성적을 거뒀다. 이렇게 된 이유는 무엇일까. 독일의 철학자 마르쿠스 가브리엘 교수는 유럽 국가들이 방역에 실패했다는 사실을 인정했다.

마르쿠스 가브리엘　유럽 국가들은 아주 터무니없는 방식으로 방역 대응에 실패했고, 지금도 성공적으로 해내지 못하고 있습니다. 단 한 개의 유럽 국가도 개인의 윤리의식에 맞는 적절한 방역 대응을 적용하지 못하고 있어요. 모든 유럽 국가가 기본적으로 같은 방식으로 방역에 실패했고, 아직은 우리가 바라는 종식에 전혀 다다르지도 않았습니다. 현재까지 다른 어느 지역보다도, 심지어 트럼프 정권의 미국보다도 위기 대처에 참패했죠.

지금까지 누적 사망자 수가 100만 명 이상이고, 고도의 복잡한 민주주의 사회의 협상 과정을 피하지 못했습니다. 즉, 인구밀도가 높은 상황에서 민주적으로 심사숙고하는 과정이 혼란을 야기하면서 근원적으로 바이러스 확산을 저지하지 못했습니다. 밀도가 높을수록 대응을 잘하든지, 아니면 상부에서 하부로 명령 하달되는 방식으로 가든지 해야 하죠. 혹은 팬데믹을 가장 최근에 겪어본 세대가 더 존재했다면 바이러스 확산을 저지할 수 있는 방향으로 나아갈 수 있었겠죠.

유럽연합에서 팬데믹에 대응하기 위해 국경선을 폐쇄했지만 두 달 정도 넘어서 늦장 대응을 했습니다. 저는 그때 이미 두 달 넘게 마스크를 착용하고 있었고요. 당시 슈퍼마켓을 갔을 때 사람들은 저를 외계인 취급했어요. 뮌헨에서는 맥주 페스티벌을 하고 있었고, 제가 사는 동네에서도 카니발이 진행 중이었어요. 그렇게 바이러스가 퍼져나가는 거죠. 현재 독일은 팬데믹이 새로운 단계로 나아가면서 심각한 상황에 처해 있습니다. 적절한 타이밍에 알맞은 대응을 취하기가 쉽지 않은 상태입니다. 민주주의의 절차나 대응하는 방식에서 기본적으로 양립 불가론적인 문제가 발생합니다. 하지만 이에 대한 해결 방안은 있다고 생각합니다. 민주주의가 망했다고는 생각하지 않아요. 다만 유럽은 새롭게 발생하는 세계 상황에 맞춰, 민주주의의 법칙을 카오스 상황에 결합하고 맞추는 방법을 익혀나가는 것이 필요하다고 생각합니다.

세계적인 대중 철학자로 잘 알려진 슬라보예 지젝은 유럽의 상황이 재앙 수준에 가깝다고 말했다. 백신 접종과 관련해 혼란이 이어지는 가운데 확인자 수는 계속 늘어나는 상황이고, 일반 시민들은 정부 수칙을 신뢰하지 않고 있다는 것이다. 그는 팬데믹과 같은 위기를 극복하기 위해서는 정부와 국민 사이의 신뢰가 무엇보다 중요하다는 점을 지적했다.

슬라보예 지젝 정치적으로 여러 문제나 대립이 일어나더라도, 질병 문제를 다룰 때, 국민과 정부 사이의 명령 이행은 결국 신뢰도의 문제라고 봅니다. 그렇다고 이게 동서양 차이의 문제는 아닙니다. 스칸디나비아 국가들인 노르웨이, 덴마크, 스웨덴, 핀란드에서도 문제가 있었지만 상대적으로 잘하고 있죠. 이들 국가는 사회적 신뢰도가 꽤 오래 유지되고 있었습니다. 이 나라들도 경제위기나 전쟁이 있을 때, 각계 대표들이 모여서 사회적 차원에서 방침을 결정하고 국민들도 잘 따라주었습니다.

따라서 단순히 유럽 개인주의를 비난할 일은 아니라고 봅니다. 그것 때문만이 아니라, 지금의 상황은 훨씬 더 비극적이며, 특수한 일에 속합니다. 사회의 민주주의적 선택이 사라진 것은 폭력적 자본주의의 후기 양상인, 신자유주의인데요. 유럽과 미국의 사회적 연대, 즉 상호 신뢰가 크게 무너진 때죠.

여기서 중요한 포인트를 하나 더 짚고 넘어가자면, 사회생활은 명시된 법칙으로만 정의되는 것이 아닙니다. 법칙은 어떤 것을 금

하거나 허락해주는 정도만 해줄 뿐 이 자체가 사회생활의 전부는
아니죠. 사회생활은 비명문화된 수칙들이 아주 두텁게 쌓여 있는
겁니다. 명령은 아니더라도 상호 동의와 서로가 어떻게 존중을 해
야 하는지 등의 비명문화된 룰이 우리 사회의 유산이라는 거죠.

　저는 신자유주의로 인해 이러한 룰들이 무너졌다고 봅니다.
20~30년 전 신자유주의의 장점을 역설하고 우리가 역사의 종말에
놓여 있다고 주장한 프랜시스 후쿠야마Francis Fukuyama는, 지금은 흥
미롭게도 입장을 달리하여 사회적 연대, 상식, 신뢰의 문제를 주장
하고 있어요. 이제 그는 미국에서 민주주의적 사회주의를 지지하
고 있습니다. 결국 일련의 사건, 사고들의 원인은 이미 팬데믹 이
전부터 있어 왔던 거라고 봅니다. 이 점이 제가 더욱 걱정되는 부
분이기도 하고요.

한편 마르쿠스 교수는 많은 유럽인이 '정부가 위기를 해결할 수 있다'고 믿고 있는 게 가장 위험하다고 지적했다. 정부는 팬데믹 위기를 해결해줄 수 없으며, 시민들이 어떻게 자신과 타인을 보호할 것인지에 대한 규칙들을 잘 지켰을 때에만 해결될 수 있다는 게 그의 주장이다. 아이러니하게도 유럽에 오히려 자유주의적 민주주의가 결여되었고, 그래서 방역에 실패했다는 것이다.

마르쿠스 가브리엘　유럽은 역설적이게도 자유주의적 민주주의가 결핍된 상태라고 생각합니다. 아시아 국가들은 대다수 독재정치에 시달렸어요. 대한민국도 실제로 독재 정권을 겪었죠. 유럽은 그동안 자유주의적 민주주의를 누렸고요. 그런데 저는 이게 다 거짓말 같아 보여요. 마크롱이나 메르켈처럼 권위주의적 정권이 팬데믹을 해결해야 된다고 믿고 있다면 이거야말로 정말 위험한 음모론이 됩니다. 그 사람들이 해결해줄 수 없거든요. 물론 그들이 격리조치 등을 지시할 수 있겠지만 그걸로는 충분하지 않아요. 개인의 윤리의식으로 치환되는 장기적인 목표가 없다면 팬데믹을 종식할 수 없습니다.

다시 정리해볼까요? 아시아 국가들은 집단의식이 강하고 나보다 더 큰 '우리'라는 개념이 있는 반면에 서양은 개인주의적이라는 고정관념이 있잖아요. 저는 이걸 반대로 생각해야 한다고 봅니다. 아시아 국가들이 오히려 개인의 복지를 더 잘 정립했어요. 서양의 개념상 집단 구조는 개인의 윤리보다 더 상위에 있는 결과물인데,

제가 볼 땐 이게 반대로 돼서 유럽 사람들이 지금은 위정자들에게 종속화되려고 하고 있어요. 그래서 방역이 잘 안 되고 있는 겁니다. 이처럼 자유주의적 민주주의가 결여된 상태이고, 이게 방역 실패를 설명해주기도 합니다. 정부와 민주주의 법은 당연하고, 심지어 중국 정권도 팬데믹을 해결할 수는 없습니다. 시진핑이 팬데믹을 해결하는 것이 아니라 국민들이 팬데믹을 해결하는 겁니다.

유럽을 비롯한 소위 서구 선진국들이 코로나19 앞에서 처참하게 무너지는 모습을 보며 많은 사람이 격세지감을 이야기했다. 중도개발국이나 후진국들이 열등감을 느끼면서도 동경하던 모습이 더 이상 아니었기 때문이다. 이런 현상은 앞으로의 국제공조와 권력관계에도 영향을 줄 것으로 보인다. 세계의 지각변동이 시작된 것이다.

장하준 이번에 선진국들의 허상이 드러났어요. 지금까지 미국은 뭐든지 세계에서 제일 효율적으로 잘하는 나라다, 영국은 민주주의와 인권의 본산지다, 프랑스는 인류문화의 첨병이다, 이렇게 얘기했는데 지금 그 나라들 보세요.

우리나라에서 코로나 사망자가 인구 10만 명당 3.4명인데 영국은 무려 191명입니다. 미국도 180명대고 프랑스도 이보다 조금 낮은 수준이에요. 영국 인구가 6,700만 명인데 코로나 사망자가 15만 명이에요. 인권을 중시하는 나라에서 어떻게 그렇게 사람이 많이 죽어요. 미국에서도 30만 명이 죽었습니다. 9·11 테러로 인해 3,000여 명이 넘게 죽었을 때 거의 세계를 뒤집었죠. 이라크를 침공하고 아프가니스탄을 침공했어요. 그런 나라가 30만 명이 죽는데 가만히 앉아 있어요. 반대로 베트남, 태국, 아프리카의 에티오피아같이 상대적으로 가난한 나라들이 훨씬 사망자가 적었습니다. 게다가 많은 후진국이 코로나 영향을 덜 받아서 경제도 덜 수축되었고 중국은 오히려 성장까지 했고요.

더 이상 선진국이 동경의 대상이 아닙니다. 후진국들의 덩치가 커지고 그만큼 비중이 늘어나면 아무래도 더 발언권이 늘어나겠죠. 하루이틀에 바뀌진 않겠지만, 장기적으로 볼 때는 코로나 사태가 소위 선진국과 후진국 간의 관계에 굉장히 큰 영향을 미칠 거라고 생각합니다. 선진국과 후진국의 개념과 권력관계 등에서 변화가 생기겠고요. 국제공조 면에서도 점점 국제협력에 대한 시각과 행태가 바뀌지 않을까 싶습니다.

코로나19는 선진국들에 더 큰 경제적 타격을 줬다. 미국 상무부에 따르면 2020년 GDP 증가율은 전년 대비 −3.5%로, 74년 만에 최악의 경제성장률을 보였다. 그런데도 다른 나라에 비하면 그나마 선방했다는 평가다. 국제통화기금(IMF)에 따르면 영국은 −10%, 독일은 −5.4%, 일본은 −5.1%의 역성장을 보였기 때문이다.

세계 질서가 흔들린다

이들 선진국의 경제위기는 곧 세계의 경제위기다. 코로나의 유행으로 주가 지수는 폭락했다. 도시나 나라를 록다운Lockdown하는 곳이 생겼고, 공장들도 문을 닫았다. 우리는 한때 생산도 판매도 소비도 멈춘 세상과 맞닥뜨렸다. 영국 케임브리지대 경제학과 장하준 교수는 현 상황을 두고 "1929년에 일어난 대공황 이후 최대의 경제위기"라고 말했다.

장하준　이처럼 전 세계가 마이너스 성장을 하는 일이 역사적으로 거의 없었습니다. 2008년 국제 금융위기 때 추산에 따라서 세계 경제 규모가 1% 줄었거나 정체했다고 했었는데, 이렇게 3~4%가 줄어버리다니요. 실업률의 경우, 유럽 선진국에서는 실업을 막기 위해 정부가 고용보조금을 주거나, 영국의 경우는 기업이 노동자를 해고하면 정부가 월급의 80%까지 보조해줍니다. 덕분에 실업률 자체는 많이 높아지지 않았죠. 하지만 그런 제도가 부족한 미국은 2020년 5~6월경 한창 실업률이 높았을 때는 공식 통계로 15% 정도였고, 추산에 따라서는 20%가 넘었다는 발표도 있었습니다. 대공황 때도 미국에서 실업률이 20%를 넘은 경우는 거의 없었으니 대공황 이래 최대 실업 사태인 거예요.

지난 30~40년간 세계화가 진행되면서 생산과 소비도 국제화되었습니다. 세계화의 장점이 많았죠. 생산단가가 낮은 데서 생산해

많은 사람이 여러 상품을 쓸 수 있는 환경이 만들어졌으니까요. 그런데 팬데믹으로 세계 경제가 마비돼 버린 겁니다. 단적인 예로 중국에서 처음 코로나가 발생했을 때 중국 공장들이 문을 닫으면서 독일이나 한국의 자동차 공장이 부품을 수급받지 못해 멈춰버렸어요. 또 해외여행이 불가능해지면서 관광산업에 의존도가 큰 국가들은 큰 타격을 받았습니다.

지금으로부터 100년 전, 1918년 스페인 독감이 세계를 휩쓸었다. 당시 스페인 독감으로 결국 전 세계적으로 1,500만 명이 사망했다. 지금 코로나 바이러스로 사망한 사람의 수는 훨씬 적다. 하지만 그때보다 더 암울해 보이는 건 왜일까? 영국의 경제학자 가이 스탠딩은 그때보다 코로나 이후 훨씬 더 많은 사람이 경제적 영향을 받을 것이고 사회적 질병으로 죽어갈 것이라고 말한다.

가이 스탠딩 스페인 독감 시기에는 세계 경제가 이만큼 밀접하게 맞물려 있지 않았죠. 그리고 당시 민간 부채의 수준은 세계적으로 정말 낮았어요. 거대한 기업 부채도 없었죠. 하지만 코로나 팬데믹이 시작된 시점에는, 국제 기업 부채가 글로벌 GDP의 73%에 달했습니다. 그리고 여러 국가의 민간 부채가 GDP의 150% 이상이었죠. 이런 수치가 의미하는 바는, 위기가 계속 도사리고 있었다는 겁니다. 코로나는 사실, 팬데믹이 일어나길 기다리고 있던 위기의 방아쇠였을 뿐이죠. 스페인 독감과 달리, 팬데믹 슬럼프에서 회복하는 게 훨씬 더 힘들 겁니다.

지구촌이라고 부를 정도로 이제 세계는 너무나 긴밀하게 얽혀 있다. 경제적 차원에서는 세계 각국의 자본주의가 유기적으로 연결되었고, 사회·문화적으로도 상호작용이 증가했다. 이처럼 세계가 긴밀하게 연결되어 있기에 코로나 바이러스는 아주 빠른 속도로 전 세계로 퍼졌다. 현재의 세계화된 지구가 이대로 괜찮은가 하는 생각을 하게 되는 시점이다.

코로나 바이러스가 세계화 이전에 나왔다면 처음 발생한 몇몇 국가만 피해를 입고 끝났을 수도 있다. 그러나 지금은 세계화로 인해 국가들 간의 상호의존도가 매우 높다. 전 지구적으로 얽혀 있기 때문에 피해도 더 컸다고 볼 수 있다.

중국인민 대학에서 개발도상국 비교연구를 하고 있는 원톄쥔 교수 또한 팬데믹이 세계화의 위기를 가져왔다고 말한다. 그의 말에 따르면, 국가나 도시를 봉쇄하면서 물류가 끊기고, 이로써 기존의 공급 사슬이 파괴되었다. 글로컬라이제이션Glocalization, 즉 '지역 중심 세계화'로 재편되고 있는 것이다. 미국, 캐나다, 멕시코 연합과 유럽연합 그리고 동아시아 지역, 세 구역으로 나뉘어 경쟁하게 될 거라는 게 그의 주장이다.

원톄쥔 세계화 과정에서 가장 이득을 보는 집단이 누구일까요? 세계화는 금융 자본이 주도했고, 금융 자본을 바탕으로 한 다국적

기업이 더 많은 수익을 벌어들였습니다. 취약 계층은 더욱 약화되었죠. 이런 내부적 모순이 코로나 바이러스로 더욱 격화되고 있습니다.

빈부격차와 양극화가 코로나 위기 속에서 완화되는 것이 아니라 도리어 강화되었습니다. 코로나 바이러스로 인한 세계 위기 속에서 부자는 더욱 부유해졌습니다. 금융 수단을 장악하는 사람들은 소수이지만 그들의 부는 더욱 커지고 있습니다. 반면 약자는 계속해서 약해지고, 가난한 사람은 더욱 가난해집니다. 경제 문제뿐만 아니라 사회, 정치, 민족, 문화, 자원 등 모든 분야의 문제가 종합적인 기폭제가 되었습니다.

미국을 중심으로 한 서양 국가들은 여전히 양적 완화 정책을 펼치고 화폐를 대량으로 찍어내고 있으며, 이러한 방식으로 자신들

의 위기를 환기하고 있습니다. 미국은 달러를 찍어내고 유럽은 유로를 대량 찍어냅니다. 일본도 엔화를 찍어내고요. 모두가 화폐를 대량으로 찍어내는 것이 세계 통화 팽창을 가져왔습니다. 그리고 이는 원자재, 에너지, 식량 가격을 상승시켰습니다. 그러면 가난한 나라는 식량을 구입하지 못하게 됩니다. 코로나가 직접적으로 식량위기를 초래한 것이 아니라 코로나가 가져온 각국의 경제위기가 양적 완화 정책을 실시하게 했고, 이는 식량의 가격을 상승시켰습니다. 결국 이로 인해 식량위기가 초래된 거죠. 식량위기는 단독으로 존재하는 것이 아니며, 생산의 문제가 아니라 금융위기로 인해 찾아옵니다.

장하준 교수는 기존 경제구조의 취약성을 지적한다. 신자유주의의 흐름에 따라 2008년에 이미 금융위기가 왔는데, 그때 제대로 개선하지 못한 상태에서 팬데믹이라는 엄청난 충격을 맞은 것이다. 경제 충격을 극복하기 위해 각국은 양적 완화를 시작했고, 유동성이 풀리면서 주식, 부동산 등으로 돈이 몰렸다. 이런 현상은 매우 불안정해 보인다.

장하준 세계화를 가져온 건 신자유주의적인 이데올로기였습니다. 개방과 민영화, 규제 완화 등이 신자유주의의 핵심이죠. 이런 과정에서 경제구조가 굉장히 취약해졌습니다. 이미 2008년에 엄청난 금융위기를 겪었고, 사실 아직도 제대로 회복을 한 상황이 아니거든요. 영국의 경우 중앙은행인 뱅크 오브 잉글랜드가 설립된 1644년부터 이자율을 기록해왔는데, 지금 이자율이 역사상 가장 낮습니다. 위기 때문에 일시적으로 낮은 게 아니라 10년 이상 계속 이자율을 낮추고 양적 팽창이라 해서 돈을 풀고 있죠. 그런데도 경제가 제대로 살아나지 않고 있어요. 실물경제는 잘 안 돌아가는데 돈은 계속 푸니까, 그게 자산시장으로 들어가서 주가가 오르고 집값이 오르죠. 실물경제는 5%, 10%씩 줄어드는데 주식시장은 연일 상종가를 치는 나라들이 많아요.

다시 말해, 기본적으로 2008년 금융위기가 해결되지 않았는데 억지로 경제를 지탱하려고 풀어놓은 유동성이 비트코인이나 주식시장, 부동산 등으로 몰려다니면서 굉장히 불안정하고 위기가 일어나기 쉬운 경제구조가 되었습니다. 그런 상황에서 팬데믹으로 충격을 받으니 더 급격하게 안정성을 잃고 휘청거리게 된 거죠.

우리가 한 번도 경험하지 못한 세상

코로나 팬데믹 속에서 우리는 인류 역사상 한 번도 보지 못했던 현상을 목격하고 있다. 이미 많은 사람이 상상도 못해본 세상을 살고 있다고 말한다. 그러나 사실 전염병이 유행할 것이라고 예측한 사람들이 있었다. 자크 아탈리도 그중 한 사람이다. 그는 1998년에 발표한 저서 《21세기 사전》에서 이미 대규모 전염병의 창궐 가능성을 언급했다.

지난 2020년에는 팬데믹 기간 동안 전 세계에서 일어나는 일을 분석한 책《생명경제로의 전환》을 발표했다. 이 책에서 그는 '생명경제'라는 개념을 소개하며, 팬데믹 이후 인류는 이타주의적 생명경제를 지향해야 한다고 주장했다. 타인과 다음 세대를 생각해 다양한 영역에 대해 논의해야 한다는 것이다.

자크 아탈리 팬데믹과 포스트 팬데믹에 필요한 주요 영역인 건강, 위생, 의약품, 의료기기, 교육, 디지털, 연구, 민주주의, 군수, 청정 에너지, 깨끗한 물, 맑은 공기 그리고 기본 영역인 보안, 보험과 같이 생명과 직결된 영역들을 우리가 충분히 대비하지 못했기 때문에 이런 사태가 발생했다는 생각이 듭니다. 주요 영역들을 생명경제로 전환했다면 지금 당장에라도 팬데믹 사태에 유용한 자원을 찾아냈을 겁니다. 이제는 모든 국가가 생명경제에 집중해야 합니다. 생명경제는 이타주의라는 영역을 다루고 있습니다. 만약에 건강에 관한 주제를 논한다면 타인의 건강에 대해서 이야기하는 것이고, 교육을 논한다면 다음 세대를 위한 교육에 대해서 이야기하는 것입니다. 또 기후문제를 논한다면 다음 세대를 위한 청정에너지에 대해 이야기하는 것이죠. 이렇듯 다른 사람들을 위한 연구를 하는 겁니다. 디지털을 통해 교육과 건강에 대한 논의를 구체화할 수 있습니다. 제가 말했던 영역들을 모두 연관 짓고 디지털을 통해 발전시킬 수 있습니다.

세 가지 개념이 떠오르는데요. 첫 번째는 다음 세대와 타인을 위하는 이타주의이고, 두 번째는 다음 세대를 걱정하는 긍정적인 사회, 즉 이번 세대뿐 아니라 다음 세대까지 챙기는 이타주의입니다. 그리고 세 번째 개념은 생명경제로의 전환입니다. 생명경제는 긍정적인 사회의 경제를 일컫는데, 이 또한 이타주의라는 프레임 안에서 이뤄질 수 있습니다.

아탈리가 주장하는 이기적인 생존경제로부터 이타적인 생명경제로의 전환은 인류의 생존을 위해서 필수불가결해 보인다. 인간의 과도한 개발과 자연 파괴가 코로나 팬데믹을 불러왔다는 반성의 목소리가 커졌고, 기후변화로 인한 각종 자연재해도 우리의 생존을 위협하고 있다. 원톄쥔 교수는 이 모든 위기가 자연이 인류에게 보내는 경고라고 말한다.

원톄쥔 인류는 현대화와 발전을 거치며 인류와 자연의 대립에 대한 모순을 겪게 됩니다. 인류의 수만 년 생산 역사에서 이렇게 대규모 자연 파괴가 있었던 시기가 없습니다. 최근 200여 년 동안 심각한 파괴가 있었고, 지금의 코로나19와 10여 년 전에 발생한 사스와 서구의 독감 모두 자연이 인류에게 내린 벌입니다.

기후 온난화, 일본 원전 등 각종 사건이 있습니다. 원전 사고는 쓰나미 때문이잖아요. 자연이 인류에게 하는 경고를 통해 인류는 반성해야 합니다. 인류는 자연에게 피해를 입혔고 결국 스스로 벌을 받고 있습니다. 이번 코로나 위기를 비롯해 인류가 만들어낸 물질의 양은 자연계 총량의 무게를 넘어섰습니다.

인류가 반성하지 않고 발전주의만을 계속 지향한다면 비슷한 문제들이 계속해서 발생할 것입니다. 예전에는 독감이 있었고, 지금은 코로나가 발생했고, 전염병이 잇따라 발생하고 있습니다. 이는 인류의 의료 기술로 치료할 수 없습니다. 근본적인 문제는 인류가 자연을 소모했기 때문에 자연이 인간에게 내린 벌입니다. 인류는 끝까지 욕심 부릴 수 없습니다. 우리는 과도한 발전주의와 우리가 초래한 피해를 반성해야 합니다.

게브레예수스 WHO 사무총장은 "이제 인류는 코로나 팬데믹 이전의 노멀로 돌아가지 못할 것이다"라고 했다. 이른바 뉴노멀의

시대가 도래한 것이다. 아직 팬데믹의 어두운 터널 속에 있는 사람들은 코로나로 인한 우울감과 동시에 불안함을 느끼고 있다.

또 한 번 팬데믹이 온다면 상황은 달라질까. 다시 팬데믹이 오면, 불행하게도 우리는 똑같은 일을 반복해야 한다. 학교는 휴교령이 내려질 것이고, 모든 대면 시스템은 가동을 멈출 것이다. 우리는 다시 길고 긴 비대면의 세계로 돌아가, 새로운 백신이 나오기를 기다릴 것이다. 다만 달라지는 게 있다면, 이 모든 과정이 빠르고 익숙하게 처리될 거라는 사실이다. 우리는 이제 제2, 제3의 팬데믹을 대비해야 한다. 슬라보예 지젝은 "몇 년간 이어져온 과학자들의 경고에도 불구하고 우리의 현 체제가 재난에 무방비했다"고 지적했다. 뿐만 아니라 코로나가 터진 후에도 현실을 부정하거나 모른 체하는 사람들이 있었다. 지젝은 너무 패닉에 빠져서도 안 되지만 현 사태의 중대함을 무시해서도 안 된다고 말한다. 코로나 팬데믹은 다음에 올 위기의 리허설과 같기 때문이다.

슬라보예 지젝 우리는 팬데믹의 가능성을 인지하고 있었고, 다른 위험한 일들도 몇 년 전부터 경고를 했었습니다. 그럼에도 실제로 그 일이 발생했을 때 모두에게 충격과 공포였죠. 지식과 정보는 있지만 어떤 이유인지 일어날 일을 받아들일 수가 없는 상황이라는 겁니다. 팬데믹이 충격적이라는 게 바로 이런 점입니다. 일어날 것이란 걸 알고는 있었지만 동시에 일어날 수 없는 일이라고 생각했던 거예요. 실제로 팬데믹이 현실이 되었는데도, '인지하지 않으려는 의지'가 발동하게 됩니다. 예를 들어, 여전히 팬데믹을 심각하게 받아들이지 않는 사람이 있죠. 그 사람들은 '몇백만 명이 그럴 뿐이고 도와줘야 할 다른 사람들이 많다. 모든 방역수칙을 다 따르는 것은 비인권적이고 사망자가 더 늘더라도 우리의 삶이 우선되어야 한다'라고 말해요.

사람들을 안심시키되, 동시에 상황을 심각하게 받아들여야 합니다. 어떤 사람들은 '팬데믹은 미래에 발생할 생태적·사회적 재앙의 프리뷰다'라고 말하는데 저는 이 말에 동의합니다. 예를 들어, 미국의 캘리포니아, 호주 및 북부 시베리아 등지의 산불로 인한 숲의 훼손에 대해 누가 예측이나 했을까요? 우리는 이런 '영구적 응급상황'에 맞춰 준비가 되어 있어야만 합니다. 그냥 하는 게 아니라 꽤 많은 노력을 들여야 해요. 지금까지 사고하던 방식과 생활로는 살아남을 수가 없어요. 지속할 수가 없습니다. 이제 우리는 급진적으로 바뀌어 나가야 합니다.

또다시 우리를 찾아올 위기에 대비해야 한다. 지젝의 말처럼 '팬데믹은 변화의 과정을 빠르게 일어나게 하는 위기'다. 그러기 위해서는 현재 우리가 겪고 있는 일들을 분석하고, 거기에서 반성할 점과 나아갈 방향을 찾아야 한다. 의료와 노동, 국가 권력까지, 코로나 바이러스로 인해 흔들리고 있으며 변화될 분야들을 지금부터 살펴보고자 한다. 아무래도 가장 관심을 갖는 건 우리의 건강을 지켜줄 의료와 백신의 문제일 것이다.

2장

'의료시스템'으로
국가의 희비가 엇갈리다

대한민국과 유럽의 의료보험 제도

팬데믹이 다시 온다면 진단과 방역의 과정은 상상 이상으로 빠를 것이고, 간편해질 것이며, 정확할 것이다. 이미 우리는 팬데믹이라는 위기 상황을 겪어내고 있고, 많은 시스템을 구축하고 있다. 머지않아 우리는 건강 상태를 알려주는 스마트밴드를 몸에 부착하고 다니게 될지 모른다. 또 앞으로는 개인의 선택이 아니라 국가가 국민 건강을 관리하는 공적 수단이 될 것이고, 모든 데이터는 통합돼 관리될 가능성이 높다. 이는 질병관리청이나 건강보험관리공단의 새로운 업무가 될 것이다.

그러나 여전히 해결해야 할 문제들은 남아 있다. 가령 확진자를 선별하고 격리해 이송하는 과정의 비용은 국가와 개인 중 누가 부담할 것인가? 개인이 부담한다면 가격은 어느 정도가 적당한가? 확진자의 치료 비용은 또 누가 부담해야 할까?

우리나라는 현재 진단과 치료 비용을 모두 국가에서 부담하고 있다. 대한민국 법령에 명시되어 있고, 국민의료보험 시스템이 그것을 보장한다. 또한 대부분의 병원이 민영이고 정부에서 모든 사람에게 의료보험을 제공해 국민의 기본 의료권을 보장한다. 유럽에도 이런 방식을 취하는 나라들이 있지만 의료 자체를 국영화한 나라들도 있다. 대표적으로 영국과 이탈리아가 있다. 공공의료 연구자인 문정주 교수는 이탈리아에서 국영의료를 견학한 후 《뚜벅뚜벅 이탈리아 공공의료》라는 책을 펴내기도 했다.

문정주　이탈리아는 국영의료라는 제도를 운영합니다. 국가가 의료를 책임지고 제공하는 것이죠. 이탈리아에는 20개 주가 있는데 주 정부가 각기 자기 주의 국영의료를 책임지고 운영합니다. 우리는 아프면 좋다고 알려진 병원을 찾아서 가죠. 그러다 보니 경제력이 있거나 정보력이 뛰어난 대도시에 사는 사람일수록 유리할 수밖에 없고, 불평등이 존재하죠. 그런데 국영의료는 건강이 개인의 기본권이기에, 의료는 누구나 평등하게 이용할 수 있어야 한다는 철학을 가진 의료제도라고 할 수 있습니다.

국영의료는 이탈리아만의 제도는 아닙니다. 유럽에서 10개 국가가 국영의료를 하고 있어요. 제일 잘 알려진 건 영국입니다. 나머지 나라들은 국영의료가 아니라 우리처럼 사회보험식 의료를 하고 있고요.

영국 역시 건강보험공단National Health Service, 이하NHS이라는 공영의료 체계가 잘되어 있다고 자부해온 나라다. 의료가 국영화되어 모든 사람에게 기본 의료권을 보장한다. 그런데 팬데믹 상황에서 유럽 여러 나라에서는 코로나 검사를 받는 데도 많은 돈을 내고, 밀려드

는 코로나 환자들을 감당하지 못해 어려움을 겪기도 했다. 왜 이런 일이 일어난 걸까?

장하준 처음에 영국에서 코로나가 번지기 시작했을 때 의료 시스 템의 문제가 아니라 정치권의 문제 때문에 의료 시스템이 거의 붕괴 상태에 처했어요. 병이 엄청나게 퍼지고 점점 환자는 늘어나는 데 영국 정부에서 질질 끌다가 결국 3월 말에 코로나 환자가 급격히 증가한 다음에야 봉쇄를 했어요.

2010년부터 보수당 정부에서 긴축해야 한다며 의료 분야의 예산을 많이 깎았어요. 장비도 모자라고 인력도 모자라는데 코로나 사태가 들이닥치니까 굉장히 헤맸죠. 게다가 환자 치료는 NHS에서 하지만 검사나 추적, 격리 같은 작업을 다 민간 기업에 맡겨서 혼란이 생겼어요. NHS한테 그걸 맡겼으면 사실 더 잘했을 거예요. 모든 사람이 동네 병원에 등록돼 있으니까요. 말하자면 NHS가 잘 못해서 이렇게 된 게 아니라 NHS를 안 썼기 때문에 이렇게 된 겁니다. 영국이 그나마 잘하고 있는 게 백신 접종인데, 이건 NHS를 통해서 했기 때문입니다. 공공의료의 중요성을 일깨워준 거죠.

모든 국민에게 의료권을 제공한다는 철학으로 국영화했지만 정부가 예산을 삭감하면 제도가 흔들리는 아이러니한 상황. 우리의 보험 시스템은 유럽의 모델을 따라 만들었는데 정작 유럽은 예산 부족으로 제대로 시스템이 작동하지 않은 것이다. 이 때문에 영국의 경우에는 코로나 검사를 받는 데도 많은 돈이 드는 상황이다.

이택광   저도 영국에서 공부를 했지만, 영국의 NHS가 상당히 잘되어 있다고, 영국인들이 자랑을 많이 했거든요. 그런데 그 영국조차도 코로나 검사를 한 번 받는 데 80만 원 정도가 듭니다. 우리가 사회복지 제도를 찬양한 유럽은 1980년대 이후 신자유주의적 개혁을 많이 했고요. 말 그대로 의료 예산을 급격하게 삭감했거든요. 그 결과가 지금 이렇게 나타나고 있는 겁니다. 우리가 유럽의 모델을 따라서 의료보험을 만들었는데 정작 유럽은 그 의료보험이 예산 부족으로 제대로 작동하지 않는 참상을 보여주고 있는 거죠.

역시 공공의료가 잘되어 있는 나라인 이탈리아도 이번 팬데믹 상황에서 상당히 큰 피해를 입었다. 그 이유가 뭘까? 문정주 교수는 초기 대응에 미흡했던 점을 원인으로 꼽았다. 급속하게 퍼져나가는 바이러스를 막기 위해서는 초기의 골든타임이 무엇보다 중요한데, 유럽은 바이러스에 대한 경험 부족과 스스로에 대한 과대평가로 민첩하게 대응하지 못했다는 것이다.

문정주 코로나의 큰 특징이 굉장히 전파력이 강하다는 건데 유럽은 골든타임을 놓치면서 어마어마한 유행 상황을 피할 수가 없게 됐죠. 과학 기술이 뒤쳐지는 것도 아니고, 의료 시설이 부족한 것도 아니고, 사회제도가 미비한 것도 아닌데 왜 골든타임을 놓쳤을까요? 최근에 큰 유행을 겪지 않았던 것이 이유였다는 생각이 듭니다. 2015년에 우리나라에 있었던 메르스 생각나실 거예요. 메르스는 사망률도 높았는데 불과 몇 년 전에 우리는 그런 걸 겪었죠. 중국, 홍콩, 대만 같은 나라들은 2002년부터 2003년까지 사스를 겪었고요.

동아시아의 여러 나라에서는 언제 또 이런 일이 닥칠지 모른다는 생각 때문에 대응체계를 갖추는 데에 주력했다고 할 수 있습니다. 그래서 코로나가 터졌을 때 큰 문제가 될 수 있겠다는 위기의식이 팽배했고, 이 위기를 극복하기 위해서 국가와 국민이 합심했죠. 반면 유럽 국가들은 메르스와 사스를 피해 간 데다가 나름의 대비가 되어 있다고 생각했던 거예요. 계절성 인플루엔자, 우리가 독감이라고 부르는 것에 대해서 국가적인 대응체계를 이미 갖추고 있었으니까요. 다가오고 있는 위험을 과소평가하고 민첩하게 대응하지 못했던 거죠.

여전히 남은 숙제, 방역과 의료는 다르다

우리나라는 방역을 아주 잘했다는 평가를 받았다. 그리고 의료보험 제도 덕분에 국민들은 돈 걱정 없이 코로나 검사를 할 수 있었다. 이것이 코로나 확산을 막는 데 큰 도움이 되었음이 틀림없다. 그렇다고 해서 우리의 의료보험 체계가 완벽하다고 말할 수 있을까? 비록 유럽의 공공의료 제도가 예산 삭감으로 인한 문제를 드러냈지만 이 제도가 주는 시사점도 분명 있다.

문정주 　우리나라는 방역은 잘했습니다. 의료에 오기 전 단계를 정말 잘했던 거죠. 유럽이 실패했던 것은 방역이에요. 방역에 실패해서 너무 많은 환자가 쏟아졌고 그 상황을 의료가 수습했던 거죠. 제가 보기에는 국영의료, 그야말로 공적화된 의료체계를 가지고 있었기 때문에 유럽이 그나마 수습을 잘 해냈다는 생각이 듭니다.

　방역과 의료는 다릅니다. 의료에 있어서 우리나라는 사립병원 중심의 의료체계입니다. 의료기관의 95%가 사립기관이고, 병상 수는 90%가 사립병원 병상이에요. 그래서 드물디드문 공공병원들이 발벗고 나서서 코로나 환자의 80% 이상을 다 진료하고 치료했죠.

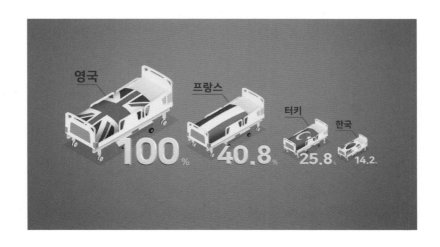

영국 프랑스 터키 한국
100% 40.8% 25.8% 14.2%

어떻게 보면 5%밖에 안 되는 공공병원이 10%밖에 안 되는 병상을 활용해서 코로나 환자의 80%를 치료한, 아주 특별한 역사를 쓰고 있다고 생각합니다.

반면에 이 때문에 코로나 환자가 급속하게 늘어나는 위기가 있을 때마다 환자들을 입원시킬 병상이 부족했어요. 우리나라는 단순한 병상 숫자로 말하면 OECD 전체에서 두 번째로 많습니다. 그런데 많은 병상이 대부분 사립병원들에 속해 있다 보니 재난에 즉각적으로 활용되는 병상이 아니라는 것이 문제였죠.

지금 코로나를 겪으면서 우리나라 의료체계를 반드시 돌아봐야 합니다. 병상이 많다고는 하나 재난에 대비할 수 없다면 그건 굉장히 문제죠. 앞으로 기후위기는 더 심각한 상태로 갈 가능성이 높고, 코로나와 같은 감염병이 다시 오지 않는다는 보장이 없는데 어떤 일이 오더라도 대응할 수 있는 대비가 필요하겠죠.

앞으로 또 언제 닥칠지 모르는 팬데믹에 대비해서 우리나라의 의료제도를 돌아볼 필요가 있다. 방역의 단계에서는 잘 대처했지만 다음에 이와 비슷한, 혹은 더 심한 감염병이 유행했을 때를 생각하면 의료의 단계에서는 개선점이 필요해 보인다. 그때를 위해 우리는 어떤 대비를 해야 할까? 이에 대해 문정주 교수는 세 가지 제언을 했다.

문정주　우리가 방역을 잘할 수 있었던 이유는 우선 정부가 있고 당시 질병관리본부(지금의 질병관리청)이라는 담당 기관이 있고, 전국의 각 시·군·구마다 보건소가 있어서입니다. 공적체계가 활용된 것이죠. 그런데 의료는 주로 사립병원들이 일종의 시장을 이루고 있어서 앞으로 올 재난을 생각한다면 미약해 보입니다.

그래서 첫째로는 공적인 의료체계를 확립해야 된다는 것을 말씀드리고 싶습니다. 의료를 사립기관들이 자생적으로 구성하는 시장이 아니라 전국 어디에서든, 어떤 계층이든 안전할 수 있는 공적인 체계를 갖추어야 한다는 거죠. 두 번째는 공적체계를 만든다고 했을 때 수도권 도시에만 몰려 있는 게 아니라, 전국 모든 지역의 인구 수에 따라 많으면 많은 대로, 적으면 적은 대로 공적인 의료체계를 갖추어야 합니다.

세 번째는 의료인입니다. 공적체계 안에서 충분한 숫자의 의료진이 확보돼야 합니다. 지금은 그게 너무 부족해요. 의료인들이 대부분 사립기관에 속해 있고, 공적인 시설에 종사하는 사람은 너무 적습니다. 공적 의료인의 인력체계를 만들고, 거기에 속한 의료인들이 공직자가 되는 제도가 필요하다고 생각합니다.

신자유주의 흐름 아래 정치적인 민영화가 전 세계에서 진행되어 왔다. 우리나라 역시 예외는 아니어서 한때 의료 민영화가 논의되기도 했다. 그리고 팬데믹은 공공의료 체계의 부재 속에 찾아왔다. 우리나라는 바이러스를 잘 통제했지만 위험한 순간들이 있었고 공급 부족 현상도 겪었다. 공공의료기관은 왜 중요하고 어째서 확장되어야 하는 걸까? 자원 제한 국가에서 간호 및 의료 교육 지원을 제공하는 '시드 글로벌 헬스Seed Global Health, 이하 SGH'의 CEO이자 매사추세츠 종합병원의 핵심 인력으로 코로나19 대응의 최전선에 있는 바네사 캐리의 말을 들어보자.

바네사 캐리　공공보건병원과 공공보건 체계는 국민의 더 나은 보건과 건강을 가져다줄 뿐만 아니라, 나라의 전체적인 성장과 발전을 가져다줍니다. 그리고 일부 국가들에서 그 힘을 볼 수 있었죠.
　하지만 자원은 불행히도 세계에 고루 분포되어 있지 않아요. 자원이 충분하지 못한 국가들에서는 일정 수준 이상의 민영화된 의료를 제공하지도 못하고, 그 민영화된 의료에 접근할 수 있는 인구도 많지 않습니다. 아직도 대부분의 국민이 하루 1달러로 살아가는 국가들에게는, 공공 체계가 환자들의 생명줄일 뿐 아니라, 건강한 인구를 만들 수 있는 국가의 능력이기도 하죠.

더 나은 보건이 세계의 경제적 성장을 이끌고 나아가 발전과 안보를 이끈다. 바네사 캐리의 주장은 전 세계의 보건체계에 대해서도 숙제를 안겨준다. 그녀는 코로나에 대한 가장 큰 실수는 우리가 수년 동안 보건에서 체계적으로 실패를 지속해왔다는 점이라고 지적했다. 사회의 보건체계를 수년 동안 와해시켜 왔다는 것이다. 매일 필요에 대응할 수 있는 의료진들 없이는 결코 팬데믹에서 살아남을 수 없다. 보건 분야에 대한 강력한 투자가 필요한 이유다.

바네사 캐리   전 세계 83개국은 현재 의료진의 부족이 심각합니다.

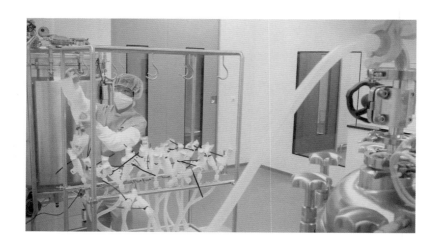

세계에 의료진이 720만 명 있다고 하는데, 이 역시 5년 전 측정치이죠. 2019년 9월 전 세계가 모여 공통 의료라는 정치적 결단을 내린 바 있습니다. 투자의 75%는 기반시설과 사람들에 대한 것이었어요. 강력한 성명이었고, 보건이라는 것이 개인의 안보를 넘어서 국가 안보, 그리고 세계 안보의 근간임을 이해하는 성명이었어요.

현재의 성장 데이터를 보면, 보건의 힘은 한 가정에게 중요한 영향을 미칩니다. 가정의 경제를 책임지는 개인이 사망한 경우, 가족 구성원의 3분의 2에서 최대 80%의 수입이 감소하고, 60%가 수돗물을 얻을 수 없게 되며, 40%는 더 저렴한 주거지로 이동해야 하고, 딸의 20%, 아들의 70%가 학교를 못 다니게 된다는 통계가 있습니다. 이것은 미시 경제에서의 수준이에요.

거시 경제적인 측면에서 보면, 보건에 의미 있는 투자를 해온 국가들에서는 GDP가 성장했고, 경제 성장 역시 이런 투자에 기여를 했죠. 코로나는 우리가 오랜 시간 올바른 투자를 해오지 않았음을 보여주었고, 또한 사회 깊숙한 불균형을 보여주었습니다. 제게는 수년간 이어져 온 체계의 문제로, 이제 어떻게 바꾸어가야 할지 모두가 생각해내야 할 과제입니다.

우리나라도 현재의 방식이 계속 유지되리라는 보장은 없다. 우리의 국민의료보험 제도를 비합리적이라고 주장하는 의견은 늘 있어 왔고, 이 시스템은 계속 도전받을 것이다. 게다가 팬데믹을 계기로 무엇을 개선해야 할지도 확실해졌다. 돌아보고 점검한 뒤에 다시 앞으로 나아가야 한다. 우리가 어떤 시스템을 선택하느냐에 따라 우리의 미래도 많이 달라질 것이다.

한편, 의료 분야에서 해결해야 할 논쟁거리는 또 남아 있다. 바로 원격진료의 문제다.

더 이상 거스를 수 없는 원격진료

원격수업, 원격회의, 우리는 그 어느 때보다 '원격'이라는 말을 많이 듣고 있다. 코로나 사태로 인해 사회적 거리두기를 하면서 거의 모든 것에 비대면이 적용되었다. 기술 발달은 많은 일을 원격으로 가능하게 해주었다. 의료계에서도 마찬가지로 비대면 진료, 즉 원격진료의 필요성과 중요성이 커지고 있다. 기술적 측면에서 팬데믹 이전부터 원격진료는 가능했다. 미국 애리조나 주립대학교 컴퓨터과학부 수바라오 캄밤파티 교수는 원격진료 기술의 미래를 긍정적으로 말한다.

수바라오 캄밤파티　온도를 재고, 바이털 검사 등을 볼 수 있는 기술은 존재해왔고, 또 사용해왔어요. 남극에 과학자들은 있지만 의사는 없잖아요? 원격으로 그들을 치료해줍니다. 알래스카에서도 그래요. 전 세계 동떨어진 지역들에서 이미 이루어지고 있는 일이죠. 그런데 사람이 많은 도시에서는 허용이 되지 않습니다. 정부에서 원격진료를 허용하지 않거든요. 팬데믹 중에 미국에서 일어난 흥미로운 일은, 일부 규제가 풀렸다는 겁니다. 과거에는 애리조나주에 있는 의사가 캘리포니아에 사는 환자를 원격으로 진료할 수 없었어요. 하지만 이제 규제가 바뀌어 한 주에서 공인된 의사라면, 다른 주의 환자를 진료할 수 있어요. 팬데믹 중에 더 필요한 다른 곳으로 가서 의료를 제공해주는 접근성도 좋아졌습니다. 의사들이 원격으로 어디에 있느냐에 관계없이 환자를 보게 되었으니까요. 이렇게 만들고 나니, 예전의 규제로 돌아가는 것을 다시 생각하게 되었죠.

우리나라에서 원격진료 기술이 쓰이지 않은 이유는 뭘까? 일단 의사들이 반대한다. 2020년 6월 경상남도의사회가 정부의 원격의료 추진에 대한 설문조사를 했다. 전체 응답자 423명 중 반대 의견이 89.3%(382명)로 나타났다. 10명 중 9명이 원격의료를 반대하는 것이다. 그 이유로 '원격의료의 효과가 검증되지 않았다'는 답변이 55.8%로 가장 많았다. 그다음으로 '진료 결과에 대한 의사-환자 간 분쟁이 우려된다'가 24.9%, '산업계와 대형 병원을 위한 정책'이 13.4%로 나타났다. 여기에는 의료 민영화 문제, 대형 병원과 동네 병원의 공존 문제 등 많은 문제가 얽혀 있다. 그럼에도 불구하고 원격진료는 이제 거스를 수 없는 대세가 될 거라는 게 전반적인 예측이다.

비대면 사회로 인해 원격진료에 대한 문제가 더욱 대두될 것으로 보인다. 그런데 원격진료는 디지털 기반이며, 데이터를 바탕으로 해야 한다. 공공 와이파이나 여러 가지 데이터를 수집할 수 있는 환경도 조성되어야 할 것이다. 사실 코로나로 인해 어쩔 수 없이 원격진료가 도입된 부분도 있다.

그렇다면 앞으로 병원은 어떻게 변화할까? 한국지능정보사회진흥원 문용식 원장은 코로나 위기로 인해 원격진료의 혁신이 꿈틀대고 있다고 말한다. 다만 섣불리 갈 수는 없는 길이므로 면밀한 접근이 필요하다.

문용식 원격진료는 엄밀하게 하면 지금 법으로 막혀 있죠. 그런데 코로나 위기 때문에 어쩔 수 없이 부분적으로 원격진료가 도입됐어요. 기저질환자들의 경우 코로나 감염 위기 때문에 병원에 갈 수 없으니까 전화 상담으로 의사 선생님과 상담하고 투약을 받을 수 있도록 일시적으로 뚫린 겁니다. 위기란 것은 항상 기득권의 저항을 무너뜨리는 힘이 있습니다. 위기 후에는 혁신이 싹트죠. 제 생각에 원격진료는 가야 할 길입니다만, 과정을 명확하게 하나하나 짚어보면서 가야 할 것입니다.

원격진료를 허용할 진료의 범위를 어디까지 설정할 것인지, 원격진료를 수행할 기관은 어떻게 한정할지, 원격진료에서 미진한 부분은 제2차, 3차 의료기관에서 어떻게 협조적으로 보완해줄지, 원격진료에 따른 의료수가는 어떻게 제도적으로 보장해줄지 등등. 절차와 행정에 관한 부분을 구체적으로 따져서 사회적 합의를 이루어야 한다고 생각해요. 이건 우리가 시간이 걸리더라도 반드시 밟아나가야 할 길이라고 생각합니다.

때로는 기술이 모든 일을 해결해줄 것만 같은 환상을 주기도 한다. 기술이 우리 삶의 많은 부분을 도와줄 수는 있겠지만, 기술로 해결할 수 없는 지대가 분명히 존재한다. 의료는 결국 사람이 하는 일이고, 사람의 손길이 닿아야 하는 영역이다. 원격진료가 의료에 대한 접근을 강화할 수 있는 강력한 방법임은 분명하다. 하지만 의료진과 떨어져서는 안 되는 문제이기도 하다. 쉽게 말해, 원격진료의 과정 그 중심에는 여전히 인간이 있어야 하며, 의료진과의 제휴를 통해 기술을 현명하게 사용해야 한다는 뜻이다.

우리의 건강과 직결된 문제, 의료보건 분야는 어느 때보다 팬데믹으로 인해 위기와 힘든 시간을 보내고 있다. 그러나 달리 생각하면 한 발짝 더 나아갈 기회가 될 수도 있다. 분명한 건, 더 많은 사람이 평등하게 의료 서비스를 받을 수 있는 방향으로 나아가야만, 또 다른 팬데믹에 대응할 수 있을 거라는 사실이다. 그런데 이보다 더 급박한 문제가 있다. 지금 모두가 주목하고 있는 문제, 바로 백신이다.

3장

새로운 변이 출현,
백신은 우리를 구할 수 있을까

역사상 유례없이 빨리 개발된 백신

코로나19가 급속도로 확산되자 모두가 백신을 간절히 기다렸다. 백신은 항체를 생성해 면역 반응을 일으키려는 목적으로 인간에게 투여하는 물질이다. 여기서 항체란 감염에 맞서 싸우는 단백질이다.

곧 여러 백신이 개발되었다는 소식이 들렸다. 아스트라제네카, 화이자, 모더나, 얀센…. 이 백신들에 어떤 차이가 있는지, 백신 접종을 하며 보게 되는 mRNA는 무엇인지 궁금하기도 하고 불안하기도 하다. 백신은 어떤 원리로 개발되는 걸까? 자체적으로 백신을 개발하고 있는 바이러스 분야의 석학이자, 캐나다 웨스턴온타리오대학교에서 활동 중인 강칠용 교수에게 백신의 원리를 들어봤다.

강칠용   WHO 보고에 따르면 전 세계에서 180여 개 방법으로 COVID-19, 코로나 백신이 개발되고 있다고 하는데, 이렇게 많은 백신이 개발된 것은 전례가 없습니다. 어떤 전략을 쓰든 코로나 백신의 목표물은 스파이크 단백질입니다. 바이러스 외부에 막대사탕처럼 붙어 있는 것을 스파이크(돌기)라고 하는데, 이 스파이크가 세

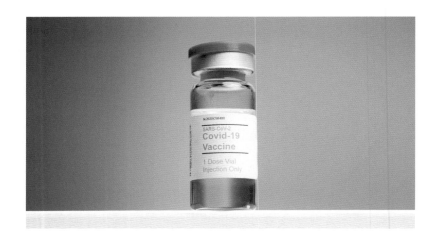

포 표면에 있는 수용체와 반응하면 바이러스가 세포에 침투하게
되고 감염 증상을 일으키게 됩니다. 따라서 스파이크에 대항하는
항체를 만들어, 항체가 스파이크를 에워싸 수용체와 반응하지 못
하게 하는 것이 백신입니다.

스파이크 단백질을 백신 접종자에게 어떻게 전달하는가에 따라
방법이 달라집니다. 여기에는 일곱 가지 전략이 있습니다. 첫 번째
는 코로나 바이러스를 정제시키고 무력화시키는 것, 즉 죽이는 것
이죠. 이 비활성화된 코로나 바이러스를 항원이나 면역원으로 쓰
는 겁니다. 그러면 면역 반응을 일으켜서 감염을 예방하게 되고요.
두 번째 전략은 스파이크 단백질을 정제해서, 면역 자극체로 혼합
해 면역을 일으키는 겁니다.

세 번째는 복제 가능 바이러스 백신인데, 이게 우리 개발팀이

쓰는 전략이에요. 인체 세포에 감염은 되지만 질병을 일으키지 않는 안전 바이러스는 스파이크 단백질의 유전 정보를 바이러스에게 전달할 수 있어요. 그래서 스파이크 단백질을 사람에게 접종하면, 면역 반응을 일으켜 항체를 생성합니다. 네 번째는 복제 불가 바이러스로 아스트라제네카가 취한 전략이죠. 침팬지 아데노바이러스는 침팬지에게서 나타나는 바이러스인데, 인간에게는 발병하지 않아요. 침팬지 아데노바이러스를 채취해 스파이크 단백질 유전 정보를 삽입하면 재조합형 아데노바이러스가 되어 면역 반응을 자극하게 됩니다.

또한 사람에게는 두 가지 핵산이 있는데요. 하나는 DNA이고 다른 하나는 RNA입니다. DNA 바이러스도 있긴 합니다만, 코로나 바이러스는 RNA 바이러스입니다. 코로나 바이러스의 RNA는 3만 개 정도의 핵, 즉 유전 정보 베이스를 지니고 있습니다. 그뿐 아니라 RNA의 특정 부분에서만 스파이크 단백질을 생성할 수 있어요. 다시 말해, mRNA는 RNA가 세포 내에 침투할 때 단백질을 만들기 위해 전달되는 물질입니다. 그러면 단백질은 외부로 방출되고 항체를 만들도록 면역체계를 자극하게 됩니다. mRNA 백신은 화이자와 모더나에서 취한 전략입니다.

어떤 병원균이 발생했을 때 치료하는 백신을 개발하는 데는 최소한 3년에서 10년까지 걸린다. 게다가 시장 판매 승인을 받기까지는 평균 10~15년이 걸린다. 그런데 코로나 바이러스 백신은 전

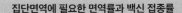

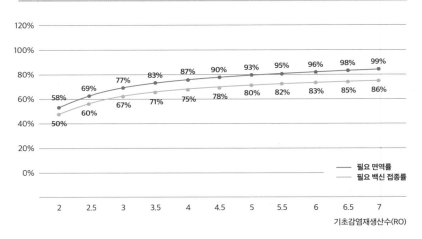

필요 면역률
필요 백신 접종률

기초감염재생산수(RO)

레 없는 속도로 개발된 셈이다. 많은 사람이 백신에 몰두하기도 했고, 다행히 코로나 바이러스 백신은 만들기 쉬운 축에 속했다.

백신이 빨리 개발된 것은 다행이지만 전 세계에 백신을 공급할 것은 약속되지 않았다. 세계 각국은 더 빨리, 더 많은 백신을 확보하기 위해 저마다 총력을 다했다. 팬데믹은 아직도 끝나지 않았고, 우리에겐 여전히 백신이 필요하다. 그것도 아주 많이. 지금 우리에겐 과연 얼마만큼의 백신이 필요할까?

지구의 인구 약 78억. 78억의 70%는 약 55억. 최소 2차 접종을 목표로 했을 때 55억 인구에 필요한 백신의 양은 약 110억 도스. 여기에 플러스 알파도 계산해야 한다. 과학자들은 집단면역의 기준을 약 10% 정도 상향 조정해야 한다고 경고하고 있다. 백신의 면역력 때문이다.

강칠용 지구상에 현재 78억 인구가 살고 있는데 그중 70% 인구가
접종을 받아야 집단면역이 되어 바이러스가 더 이상 확산되지 않
습니다. 결국 55억 인구가 백신을 접종해야 하는데, 이게 전 세계의
큰 과제입니다. 화이자나 모더나의 효력이 95%라고 하는데 면역
효과가 얼마나 지속될지도 알 수 없고요. 면역력은 길 수도 생각보
다 길지 않을 수도 있고, 효력도 강할 수도 미미할 수도 있습니다.
강한 백신이라면 예방 효과가 크겠지만 효과가 약하다면 1차 접종
으로는 부족할 수도 있어서 3차 접종까지 해야 할 수도 있고요.

인류의 80%가 3차 접종까지 하려면? 약 160억 도스의 백신이
필요하다. 물론 지금 이 순간에도 백신은 계속 만들어지고 있다.
2021년 2월에 전 세계 백신 생산량은 10억 도스를 돌파했고 계속
생산량이 증가하고 있다. 물론 이것은 중국, 러시아의 백신을 포함
해 지구상에서 나오고 있는 모든 백신을 합한 수치다.

코로나 백신을 개발한 제약사들은 목표 생산량을 크게 상향조
정하고 있다. 모더나의 경우 올해 안에 10억 도스를 생산해낼 계획
이고, 화이자 역시 약 30억 도스를 생산할 계획이다. 중국의 시노
팜도 50억 도스를 목표로 하고 있다. 그렇다면 2021년 말까지 백신
생산량은 대략 100억 도스가 될 것이다. 즉, 연말이면 인류의 집단
면역이 가능해진다는 계산이다. 그러나 이 모든 것은 이론적 계산

일 뿐 현실은 매우 불길하다. 변이 바이러스가 출현하고 있기 때문이다.

새로운 위협, 변이 바이러스

백신이 개발되자 많은 나라가 전 국민 접종을 서두르며 팬데믹을 종식하고 싶어 했다. 당장 내 발등에 떨어진 불부터 꺼야 하는 건 인지상정. 백신을 수급하는 데 너나 할 것 없이 급하긴 마찬가지다.

그런데 상황은 그리 간단치 않아 보인다. 코로나는 발생 이후 여러 형태로 변이했다. 영국발 변이 바이러스인 '알파', 남아공발 변이 바이러스인 '베타', 인도발 변이 바이러스인 '델타'가 발생했다. 우리는 다시 최악의 시나리오를 상정해야 한다. 백신이 빠르게 나왔지만, 그만큼 바이러스도 빨리 진화해서 결국 변이를 일으켰다. 과연 코로나 팬데믹이 종식될 수 있을까? 오히려 더 길어지는 건 아닐지, 많은 사람이 불안해하고 있다. 지금까지 개발된 백신들이 변이 바이러스에도 효과가 있으면 더할 나위 없이 좋겠지만, 아직 확신할 수는 없다. 이 질문에 명확한 답을 내리기엔 시기상조라는 것이 강칠용 박사의 생각이다.

강칠용　mRNA 백신인 모더나, 화이자의 면역 효과가 95% 정도고, 아스트라제네카는 60~70%이지만, 그래도 좋은 편이에요. 이 백신

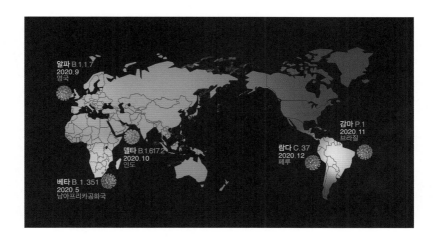

들이 변이에 효과가 있을지는 지켜봐야 합니다.

변이가 사회에 더 퍼지면, 바이러스 확산은 가속화될 겁니다. 미래에 변이가 얼마나 생길지 알 수 없습니다. 하지만 여러 변이가 발견될 것이라고 확신합니다. 지금 쓰는 백신이 변이에도 작용할지도 두고 봐야 알 수 있습니다.

제 생각에 지금 발생하는 변이는 현재의 백신으로 충분히 커버가 가능하다고 봅니다. 변이된 아미노산의 주요 변화를 확인하자면, 수용체 결합 영역Receptor Binding Domain을 봐야 하는데 스파이크 단백질 가운데 위치해 있고 230개 아미노산을 합친 길이입니다. 수용체 결합 영역은 세포 표면에 달라붙는 영역입니다. 변이가 수용체 결합 영역에서 아미노산을 많이 바꾸게 되면 아마 다른 백신이 필요할 수도 있어요. 그러나 아직 결합 영역의 변이 최대치는 고작

3개일 뿐입니다. 제 의견은, 세 가지 변이는 효과에 큰 영향을 끼치지 못한다고 봅니다.

백신의 효과는, 남아프리카공화국에서 발생한 아미노산 3개 변이를 예로 들자면, 백신 효과에 그리 큰 영향을 주지는 못할 것입니다. 물론 기존 바이러스보다 효과가 덜할 수는 있어요. 그래도 현존 백신은 변이에도 효과가 있을 것입니다. 다만 기존 바이러스만큼은 아닐 수도 있다는 거고요. 변이가 많이 일어난다면 이에 맞는 백신을 새로 만들어야 할 수도 있죠.

불행하게도 이미 백신의 효과를 피해 가는 사례가 발견되고 있다. 그렇다면 변이 바이러스는 어디에서 발생하는가. 변이 바이러스는 확진자가 폭증하는 지점과 폭증하는 순간, 바로 거기에서 발생한다. 이렇게 발생한 변종 바이러스는 얼마나 확산할 것인가?

제롬 김　변종 바이러스는 방역이 무너진 지역에서 발생합니다. 남아프리카, 브라질, 미국, 영국의 코로나 바이러스 대규모 감염으로 인해 변종 바이러스가 생성되었고요. 변종 바이러스는 현재 최선을 다해서 백신을 개발한 상황도 복잡하게 만들고 있죠.

브라질에서 일어난 변종을 보면 변이 개수 자체는 적어요. 그러나 특이한 점은 굉장히 짧은 시간 내에 변종 수가 거의 2배가 되었다는 겁니다. 바로 이게 위험한 겁니다. 또다시 대규모 확산이 일어날 수 있는 거죠. 그런 변종 때문에 백신 개발도 복잡해지는 거고요.

　현재 백신은 전 세계에 있는 변종 중 우리가 알고 있는 변종 바이러스에만 효과가 있습니다. 존슨앤존슨, 화이자, 아스트라제네카 백신은 환자가 중상, 입원, 사망에 이르지 않도록 보호할 수 있습니다. 백신 접종을 했다면 남아프리카 변종이든, 브라질 변종이든, 영국 변종이든 상관없습니다.

　변종 바이러스가 유럽에서부터 다시 나타나고 있는데요. 이에 백신의 효과를 계속 보장할 수 있는가를 제게 묻는다면 '보장할 수 없다'고 답하겠습니다. 그렇기 때문에 최대한 빨리 많은 사람에게 백신을 접종해야 하며 동시에 계속해서 마스크를 착용하고 거리두기를 해야 합니다. 방역을 해야 변이를 막을 수 있고, 집단면역이 형성될 수 있을 만큼 충분한 인구에게 접종을 할 수 있습니다.

　그렇다면 지금 시급한 건 확진자가 폭증하는 곳의 감염률을 낮추는 일이고, 백신은 바로 그곳으로 흘러가야 한다. 특정 지역의 확진자 증가를 효과적으로 막지 못한다면 변이 바이러스는 계속해서 발생할 것이다. 코로나 바이러스가 풍토병이 되면, 매년 맞아야 할 백신도 늘어날 것이다. 변이 바이러스가 많아질수록 더 많은 백신이 필요해진다.

　자크 아탈리　미래에 팬데믹은 여러 번 나타날 겁니다. 이번 팬데믹은 끝이 아닙니다. 끝이 한참 남았죠. 60억 인구 전체에게 백신을

투여하려면 120억 개가 필요한데 아직 그 정도의 수량이 없죠. 매년 백신 접종을 해야 할 테고요. 변종이 생기기 때문에 매년 보다 더 자주 백신을 맞아야 할 수 있는데, 지금 접종하는 백신의 효능이 3개월쯤 갈지도 알 수 없어요. 이 바이러스와 어쩌면 영원히 공존해야 할 각오도 해야 할 겁니다.

백신 접종을 더 오래 기다릴수록 더 많은 변이가 일어나 백신의 효능을 벗어날 가능성이 커지고, 문제가 생길 가능성도 높아진다. 시간과의 싸움인 것이다. 어떤 종류의 감염병이 발발하든 질병은 이 나라에서 저 나라로 최대 하루 만에 퍼질 수 있다. 그러니 남아프리카 같은 지역은 내버려두고 진행할 수도 없고, 대륙에서만 감염을 막을 수도 없다. 빈곤한 국가들이 뒤에 남겨진다면 그곳은 새로운 변이의 원천이 될 것이고, 새로운 문제를 야기하게 될 것이다. 결국 이 팬데믹을 멈출 수가 없는 것이다.

감염병혁신연합(이하 CEPI)의 CEO 리처드 해쳇도 변이 바이러스를 우려하고 있다.

리처드 해쳇　제가 사는 영국은 변이 바이러스를 거의 처음 겪은 나라인데 초기에 창궐한 바이러스의 확산 속도를 몇 달 동안 효과적으로 낮췄습니다. 그런데 전파 속도가 훨씬 강력한 변이 바이러스가 나타났고, 같은 방역 수칙을 적용했지만 확진자 및 입원 환자수가 엄청나게 증가했습니다. 또한 수치를 확인해보면 변이 바이러스가 기존 코로나 바이러스에 비해 치사율도 높았고요. 그래서 영국 정부는 1월부터 4월 초까지 몇 달 동안 봉쇄령을 다시 내렸어요.

영국뿐 아니라 남아프리카와 브라질에서도 변종 바이러스가 발생했는데 브라질에서 P1이라는 변이가 등장하면서 아비규환이 일어났어요. 변이 바이러스 출현 이후 알게 된 새로운 사실은 변종이 확산력이 높고, 기존 바이러스를 능가하고 대체하는 주요 바이러스가 되고 있다는 겁니다.

그나마 다행인 것은 변종 바이러스가 현재 상용되는 백신을 완전히 피해가지는 못한다는 것인데요. 현 백신이 어느 정도는 보호막 역할을 하지만 변종 바이러스에 100% 반응하지는 못합니다. 특히 남아프리카발 변종 바이러스의 대항력이 약합니다. 하지만 저희는 실시간으로 사람들 간의 바이러스 이동 현황을 심도 있게 관찰하고 있습니다.

누구도 살고 싶어 하지 않는 그 세상은 점점 현실이 되고 있다. 문제는 백신의 개발 속도다. 변이 바이러스는 계속 진화하며 퍼져 가는데 인간이 만들어내는 백신은 결코 그 속도를 따라잡을 수가 없다. 새로 발견되는 변이 바이러스 위험에 대한 우려가 커지고 있다. 변이 바이러스 백신도 개발하고 있지만 백신에만 의존하기도 힘들어 보인다. 이에 리처드 해쳇은 좀 더 현실적인 해결책을 말한다.

리처드 해쳇 변이 바이러스 전파가 악화된다면 인류에게 큰 위기가 닥칠 것으로 예상됩니다. 변이 바이러스가 어떤 것은 부분적으로,

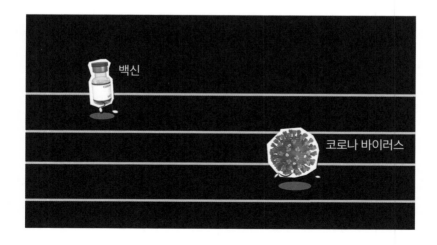

어떤 것은 완전하게 현재 공급 중인 백신의 보호망을 피할 가능성이 있습니다. 바이러스가 장기간 전파되면 돌연변이 발생 확률이 증가되기 때문인데요. 그렇기 때문에 팬데믹 사태를 종식시켜 더 이상의 인명 피해가 없도록 백신을 최대한 빨리 전 세계로 공급해야만 합니다.

변이 바이러스 백신을 새로, 최대한 빠른 시일 내에 개발하는 것 또한 시급합니다. 이미 나와 있는 백신의 안전성과 효율성에 관해서는 저희가 목표를 정했는데 불과 100일 이내에 많은 제조업체들이 신종 변이 바이러스 백신 개발을 시도했고요. 몇 군데는 현재 개발 중에 있습니다.

우선 받아들여 할 사실, 이해하고 준비하고 있어야 할 점은 바로 코로나가 어느 정도 계속 확산될 것이라는 사실입니다. 세계 인구 100%를 백신 접종하는 것은 현실적으로 가능하지는 않다고 봐요. 코로나를 빠른 시일 내에 종식시킬 수 있다는 설은 설득력이 없습니다. 최종 목표는 될 수 있겠죠. 영원히 불가능하다는 얘기는 아닙니다.

하지만 현재로선 이론적으로 추가 변종 바이러스의 출현을 방지하기 위해서 바이러스의 확산을 저지해야 합니다. 우리가 접한 변종 바이러스는 초기 바이러스에 비해 전파력이 훨씬 강하고, 치사율도 훨씬 높아요. 이런 상황은 시간이 지날수록 악화됩니다. 그렇기 때문에 우리는 전 세계의 바이러스 확산도를 낮춰야 합니다. 여러 이유가 있지만 특히 백신을 무용지물로 만들고 우리를 끔찍했던 원점으로 돌아가게 만들 수 있는, 새로운 바이러스로부터 우리 자신을 지키기 위해서 말이죠.

리처드 해챗이 수장으로 있는 CEPI는 서아프리카에 에볼라 팬데믹이 발발했던 4년 전에 처음 설립되었다. 당시 전염병이 창궐했을 때 에볼라 백신을 몇십 년 동안이나 연구 개발해왔으나 상용화할 수 있는 단계에는 미치지 못했다. 안타깝게도 전염병이 한참 진행된 후에야 사용할 수 있었다. 그런 일이 다시 발생하지 않도록 하기 위해, 전염병 및 팬데믹으로 발전할 수 있는 여러 질병을 막을 백신을 개발하려는 목적으로 출범했다. 현재 CEPI는 특히 변이 바이러스에 대한 대비 활동이 한창이다. 그 일환으로 WAVE2(차세대 코로나19 백신) 개발 프로젝트를 진행하고 있다.

리처드 해챗　코로나 바이러스가 우리와 장기간 공존할 것이라는 것을 인식하고 만성 질환을 다루듯 코로나에 더 잘 대응하는 백신을 개발하는 것이 WAVE2의 목표입니다. 백신의 안전성과 효율성을 더 높게 보장하는 것은 당연하고, 쉽게 사용할 수 있으며 보다 이상적으로는 백신 1차 접종만으로 효능이 나타나게 하는 것입니다. 투여하기 더 쉬운 방식으로 이뤄질 수도 있고요. 구강 섭취나 비강으로 투여할 수도 있는 방식으로요.
　백신이 저렴하면서 대량 생산이 가능하면 좋을 것 같고요. 또한 세계적으로 공급이 가능한 제조 공장에서 생산이 가능하면 저개발

국가에서도 생산이 가능해집니다. 효율이 좋은 백신은 최대한 접근이 쉬워야 하고, 가격이 최대한 저렴해야 하며, 코로나를 장기적인 문제로 다룰 수 있어야 한다고 저희는 생각하고 있습니다.

WAVE2 프로젝트의 지원 대상으로 선정된 GBP510은 나노 입자 플랫폼이라는 새로운 백신을 개발하는 겁니다. 전 세계를 위하여 생산하기 쉬운 방식을 취하려 하고, 대량생산이 가능하도록 플랫폼을 증가시키는 중입니다. 저희는 남아프리카에서 처음 발생한 'B.1.351'이라고 불리는 변종 바이러스를 특히 유심히 지켜보고 있습니다. 아프리카에서 확산하기 시작해 전 세계로 확산되고 있는 신종 변이 바이러스에 특화된 백신을 확보하는 것이 잠재적으로 매우 중요합니다.

상황이 심각해지면 독감 백신처럼 주기적으로 백신을 새로 만들고 해마다 보조백신(부스터 백신)을 업데이트해야 합니다. 다행히 이 플랫폼이 업데이트를 해줄 수 있을 거라고 봅니다. 그래서 이번 플랫폼이 전 세계에 중요하다고 봅니다.

코로나 바이러스와 변이 바이러스를 저지하기 위해 많은 사람이 애쓰고 있다. 문제는 공급이다. 나라 간 백신 공급에 불균형이 발생하고 있는 것이다.

앞서 말했듯 변이 바이러스는 방역에 실패한 나라에서 발생한다. 상대적으로 가난한 나라에 백신이 빨리 공급되지 못하면, 그런 지역에서 변이 바이러스가 계속 발생할 것이다. 그러면 전 세계가 팬데믹에서 빠져나올 수 없다.

강칠용 모든 정부는 집단면역의 목표를 달성하려고 노력 중에 있고 UN과 WHO도 힘쓰고 있습니다. 강대국이 백신을 모두 사가서 약소국에서 백신 공급이 이루어지지 못하면 안 되기 때문이죠.

이 세계는 하나입니다. 자국 하나만 지킬 수는 없어요. 전 세계를 같이 지켜야 합니다. 어떤 종류의 감염병이 발발하든, 질병은 한 나라에서 다른 나라로 최대 하루 만에 퍼질 수 있습니다. 그렇기 때문에 대한민국만, 캐나다만, 또는 미국만을 보호할 수 없습니다. 바이러스 질병이 언제고 다시 나타나더라도 우리가 같이 대응하는 것이 중요하다고 봅니다.

이런 상황이라면 집단면역도 낙관할 수 없다. 인구의 몇% 이상의 면역을 달성해야 집단면역을 달성할 수 있느냐의 문제는, 바이러스가 얼마나 전염성이 강한지에 따라 계산된다.

코로나 바이러스는 다른 변이들을 일으키고 있기 때문에, 그 집단면역의 목표 백분율은 바뀔 것이다. 일반적으로, 전문가들은 70~85% 사이의 사람들이 백신 접종을 받아야 집단면역이 달성된다고 말하지만 백신 접종을 망설이는 사람도 많다. 바네사 캐리는 국제적 집단면역을 달성할 수 있을지 확신할 수 없다고 말한다.

바네사 캐리 이건 전 세계 공동체의 문제예요. 최근 설문을 보면 미

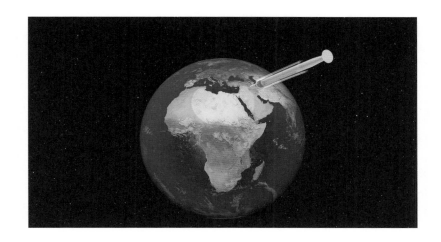

국 인구의 4분의 1에 해당하는 인구가 실제 백신을 접종할 계획이 없다고 밝혔습니다. 미국인 4명마다 1명이 접종을 받지 않겠다는 겁니다. 이 비율은 집단면역의 임계점에 있죠. 게다가 아이들은 백신 접종이 불가할 수도 있어요. 아직 연구가 끝나지 않았으니까요. 이것으로 집단면역 임계점보다 낮아지는 거죠. 우리가 국제적 집단면역을 달성할 수 있을지 모른다는 말입니다.

하지만 코로나 종식을 위해서는 국제적인 집단면역이 필요합니다. 세계적으로 백신의 공급 추세를 보면, 우리가 코로나19에 필요한 만큼의 백신을 공급하는 데 3년이 더 걸리는데요. 이는 확실히 문제입니다. 세계 백신 접종을 더 오래 기다릴수록, 더 많은 변이가 일어나 백신의 효능을 벗어날 가능성이 커지고, 문제가 생길 가능성이 더 높아지니까요. 시간과의 싸움입니다. 또한 백신을 접종

받을 수 있는 사람들은 모두 백신을 맞아야 하는 싸움이면서, 동시에 모두에게 백신 접종이 가능하게 만들어야 하는 싸움이기도 하죠. 세계에서 가장 어려운 국가들에는 백신 공급이 안 되고 있으니까요. 백신을 가장 필요로 하는 곳들에 공급하지 못하면, 이 팬데믹을 멈출 수 없을 겁니다.

백신 생산 및 공급, 그리고 변이 바이러스는 마치 속도전을 펼치는 것 같다. 하지만 조급해한다고 해결되는 문제가 아니다. 내가 빨리 맞는 것보다 중요한 건 더 많은 사람이 맞는 것. 그래야 나도 안전해질 수 있다. 하지만 안타깝게도 현실은 다르다. 백신이 한쪽으로만 쏠리고 있기 때문이다.

백신 국수주의의 등장

현재 약 10개의 백신이 전 세계에 상용되고 있다. 바이러스가 최초로 발견된 후 15개월 만에 이룬 성과이자 세계가 과학적인 유대를 이루고 연합해 낳은 결과다. 문제는 백신이 공평하게 공급되지 않는다는 것이다. 세계 각국의 백신 보유량을 보면 백신이 어디로 흐르고 있는지 알 수 있다.

이들 부자 나라가 보유한 백신은 자국민 수의 5~7배에 달하는 양이다. 그럼 상대적으로 가난한 나라들의 상황은 어떨까? 아직 자

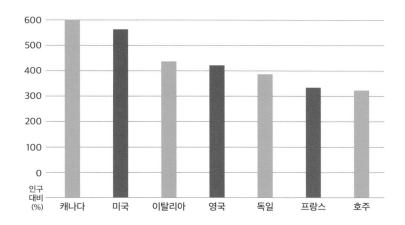

국민 수의 10%도 채우지 못하는 나라가 상당하다. 아예 백신이 단 한 방울도 없는 '백신 사막국'도 있다. 2021년 5월 기준으로 백신 사막국은 12개국인데, 대부분 아프리카의 나라들이다.

전 세계에서 처방되고 있는 백신 중 아프리카 대륙에서 처방되는 양은 단 1% 내외에 그치고 있다. 몇몇 국가가 대다수 백신을 수급해 가고 다른 국가들에게는 제한적인 양만 지급되고 있다.

리처드 해쳇 10년 전인 2009년 H1N1 신종 인플루엔자 팬데믹에서 우리가 이미 경험을 했는데요. 소수의 10여 개국이 실질적으로 전 세계 공급량의 백신을 사들이고는 뒤늦게야 한정량을 다른 국가에도 나누어주었습니다. 이번 팬데믹이 전 세계적으로 막 전파되기

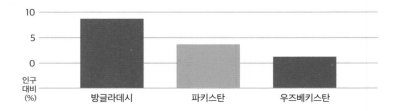

하위 그룹 백신 보유량 (유니세프, 2021.3 발표)

시작했을 때, 저희는 이미 이런 사태를 마주할 것이라고 예측을 했습니다. 긴급 사용 백신이 활성화될 것이며 초기부터 백신 공급이 부족할 것이라고 예상했죠.

백신 공급이 부족한 상황에서 공급을 단순히 시장원리나 백신 공급 여력이 되는 국가들에게만 맡긴다면, 공급이 다 흡수되어 다른 다수 국가들은 이 끔찍한 팬데믹 상황 속에서 몇 년씩이나 백신 공급을 기다려야 합니다. 전 세계는 연결되어 있기 때문에 한 쪽에서 봉쇄령이 떨어지고 팬데믹으로 어려워하는 상황이 생기면, 다른 한쪽은 백신 접종을 한 인구가 있더라도 경제적인 현상에 의해 팬데믹으로 계속해서 고통을 받게 될 겁니다.

우리나라도 초기에 백신을 제시간에 받지 못했다는 이유로 정부가 비판을 받았다. 세계 각국이 먼저 백신을 확보하려고 혈안이 되어 있고, 일부 국가는 더 많은 백신을 확보했다.

그러나 바네사 캐리는 백신을 빨리 확보해야 한다는 논쟁이 조금은 벗어난 논쟁이라고 말한다. 한 국가가 백신 접종을 마치더라도 세계가 일상으로 돌아가지 못하기 때문이다. 그런 백신 관리는 근본적인 해결책이 될 수 없다고 바네사 캐리는 지적한다.

바네사 캐리　자국민이 1인당 9번은 접종할 수 있을 만큼의 백신을 보유한 캐나다 같은 국가도 있고요, 미국의 경우는 3번을 접종할 수 있는 양을 갖고 있죠. 영국은 5회 접종할 만큼의 양을 확보했고, 그 외 소수의 국가들이 세계 공급량의 대다수를 차지하고 있습니다. 다른 국가들을 위한 백신은 그만큼 제한적인 상황입니다. 이런 상황이 백신 국수주의를 만들었어요.

이래서는 국제적 팬데믹을 벗어날 수 없습니다. 소수의 국가들이 스스로에게 백신 접종을 하고, 100% 접종을 한다고 하더라도, 다른 곳에서 변이가 발생할 것이니까요. 코로나에 가장 취약한 곳에 백신을 접종하여 전염을 일부 차단하는 방식, 그러니까 세계 전체를 바라보는 시각이 필요한 거죠.

저는 한 국가 단위로는 일상으로 돌아가지 못할 거라고 생각합니다. 세계가 함께 일상으로 돌아가야죠. 변이의 위험성도 있고, 코로나의 위험도 여전히 퍼지고 있는 게 현실입니다. 그리고 백신 접종 후에도 다른 사람에게 전염이 가능한지 아직 알지 못합니다. 여전히 많이 배워가야 하는 과정에 서 있어요..

우리가 정말 걱정해야 하는 부분은 세계적인 백신의 희소성입니다. 어떻게 시간에 맞추어 전 세계에 백신을 접종할 수 있느냐 하는 것 말이죠. 그게 우리 모두가 안전해질 수 있는 방법이고, 일상으로 돌아갈 가능성이 가장 큰 방법이에요. 세계가 안전하기 전까진 누구도 안전하지 않아요.

게브레예수스 WHO 사무총장은 지난 2월 26일 화상 언론 브리핑에서 '공평하게 백신을 공급하지 못한다면 우리는 코로나19를 이길 수 없다. 지금 아니면 언제 하겠는가'라고 말해 눈길을 끌었다. 공평하게 분배하지 못하면 늦을 수도 있다는 것. 그렇다면 왜 공평한 공급이 이뤄지지 않고 있는 걸까?

제롬 김   평등한 백신 공급은 필히 이루어져야 합니다. 최근 게이츠

재단에서 데이터 모델링을 해본 결과, 강대국에서 자국민만을 위해 20억 개의 백신을 확보하고 약소국에게 공정하게 분배하지 않았을 시, 전 세계의 코로나 바이러스 감염 사망자 수가 2배나 늘 것이라고 예측되었죠. 공평하게 공급하는 것을 해결하지 못하면 사망자 수가 500만 명까지 치솟게 됩니다.

또한 브루클린 연구소의 국가별 경제 동향 모델링 결과, 고소득 국가가 자국민을 위한 백신만 확보하고, 저소득 국가의 백신은 공평하게 공급하지 못해 감염을 막지 못할 시 발생하는 경제 피해 규모는 약 4조~5조 달러에 달하게 됩니다. 고소득, 강대국 국가에서 경제 피해가 발생하는 거죠. 백신의 공평한 공급은 분명 모두에게 도움이 됩니다.

국제사회에서는 백신 부족 사태를 해결하기 위해 '지식재산권 보호 유예'와 '백신 생산 확대안'을 거론했다. 백신 특허를 가진 제약사가 특허권을 포기하고 기술을 공유해야 한다는 뜻으로, 긴 시간 동안의 투자와 인내가 충분히 보상받을 수 있게 보호한다. 그 보장이 없다면 백신 개발에 뛰어들 동력이 사라질 것이기 때문이다.

지금은 초유의 상황이다. 그 누구도 이를 부정하지는 않는다. 세계 대부분의 리더들이 백신 지식재산권의 일시적 면제를 지지하고 있다. 미국 대통령 바이든도 2021년 5월 코로나19 백신에 대한 '지식재산권 면제'를 지지한다는 입장을 밝혔다.

백신은 과연 공공재인가

세계의 리더들이 백신의 지식재산권 면제를 지지하고 나섰고 석학들 또한 이에 동의한다. 백신의 개발은 분명 훌륭한 일이고 대가를 받지 말아야 한다는 뜻은 아니다. 세계의 집단면역을 방해할 만큼의 이득을 취해서는 안 된다는 의미다.

리처드 윌킨슨은 백신을 개발한 나라들이 새로운 권력을 지니게 되는 것은 아닐지 우려하고 있다.

> **리처드 윌킨슨**   저는 특허를 제거해 다른 곳에서 백신의 복제를 막는 보호가 사라져야 한다고 생각합니다. 반드시 다른 곳에서도 복제되어야만 해요. 특허를 제거한다는 것이 백신을 개발한 회사가 충분한 대가를 받지 않아야 한다는 건 아닙니다. 당연히 대가를 받아야죠. 하지만 세계에 절실히 필요한 집단 면역화에 대한 접근을 막아가면서 받는 건 안 된다는 말이에요. 저는 백신의 공급권이 권력의 도구로 사용될 수도 있다고 생각합니다. 백신특허법에 복종하는 것이 잘못되었다고 생각해요. 그래서 극적인 상황에서 이를 파기한 나라들을 지지하고 있습니다.

백신의 지식재산권을 면제하는 일은 결코 쉽지 않다. 가장 먼저 독일이 반기를 들었다. 화이자 백신의 원천기술을 가지고 있는 건 독일의 기업이다. 그들은 그들대로 자국 기업의 이익을 지키려 한

다. 제약사도 이익을 추구하는 기업이니 당연하다고 생각할지 모른다. 그런데 이들이 잊고 있는 것이 있다. 코로나 백신을 빨리 만들어내기 위해 받은 투자다.

제롬 김　코로나 백신은 모든 정상 단계를 준수하였습니다. 이는 다시 말해, 전 세계적으로 수십만의 사람들이 백신 임상시험에 참여했다는 것을 의미합니다. 많은 사람이 참여했기 때문에 안전성 검사가 매우 유효하게 작용합니다. 왜 이 얘기를 하냐면, 백신의 효과를 알아보기 위해 진짜 시험을 할 때 부작용에 예의주시하고 있습니다. 그래서 사람들에게 백신을 맞은 날과 그 이후의 증상이 어떤지 일기를 작성하게 합니다. 저희들은 보통 일주일 치 일기를 모으기 때문에 실제로 개개인이 어떤 증상을 겪었는지에 대한 자료를 확보하고 있습니다.

그리고 12개월 이후 임상시험 연구원들이 시험 참가자들을 다시 불러서 그동안 추가적인 부작용이 없었는지 질문을 합니다. 입원을 한 분은 병원 기록과 복용한 약에 대한 처방 기록도 확보합니다. 임상시험은 백신을 검증할 수 있는 가장 안전한 방법 중 하나입니다. 왜냐하면 저희는 시험 참가자의 안전성을 최우선으로 생각하고 있기 때문입니다.

코로나 백신은 안전성을 제일 중요하게 여겼고 미국 FDA의 경우, 백신 검사관이 최소 2달 이상 시험 참여자의 안전성 관련 정보를 모으지 못하면 임상시험을 아예 보지 않습니다. 이 점이 중요합니다. 전체 연구 기간 내내 안전성 관련 정보를 확보하는 것이 가장 중요합니다.

수십만의 사람이 백신 임상시험에 참여했다는 것. 이것이 바로 지금 백신 제약사들이 잊지 말아야 할 점이다. 만약 임상시험에 필요한 참여자를 그토록 빨리 많이 모으지 못했다면 안전성 검사는 그 속도로 진행되지 못했을 것이다. 그들의 용기와 희생이 있었기에 가능했던 일이다.

그뿐만이 아니다. 제롬 김에 따르면 미국 정부는 8개의 백신 개발을 가속화하기 위해 무려 180억 달러를 투자했다. 우리 돈으로 약 20조 2,800억 원. 미국 정부는 제약회사의 위험부담을 덜어주고 백신을 선구매까지 했다.

제롬 김 보통 연구실에서 개발 중인 백신 10개 가운데 단 1개만이 최종 승인을 받게 됩니다. 그러니까 90%는 실패하는 겁니다. 신약을 개발하는 제약회사는 백신 개발에 최소 5억 달러에서 많게는 15억 달러의 비용을 씁니다. 높은 실패 확률과 높은 개발 비용으로 인해 백신 제조회사는 백신 개발 기회가 와도 주저하게 됩니다. 그래서 임상 3단계에 들어설 때 효과가 있으면서 판매가 가능한 백신을 확실하게 만들기 위해 개발 속도를 천천히 갖습니다.

코로나 바이러스의 경우 정부의 입장에서는 최대한 빨리 백신을 확보해야 했죠. 그래서 제약회사의 위험 부담을 덜어주고 개발에 실패하더라도 비용에서 손해 보지 않도록 해주겠다고 약속을 했습니다. 예를 들어, 미국 정부는 8개 백신의 개발을 가속화하기 위해 180억 달러를 투자했습니다. 대한민국도 연합국으로 가입한 CEPI에서는 백신 개발을 가속화하고 제약회사의 부담을 덜어주기 위해 15억 달러를 투자했고요. 그래서 12개월 만에 백신 개발을 완료할 수 있었습니다.

능력이 되는 나라들은 백신 개발에 기꺼이 투자했다. 정도의 차이는 있지만 대부분의 제약사들이 정부와 비영리 조직의 지원을 받았다. 화이자도 다르지 않다. 그래서 나오는 주장이 '백신은 공공재'라는 것이다.

그런가 하면 백신의 가격도 논쟁거리가 되고 있다. 2021년 4월 유럽연합과 화이자 간에 체결된 계약서가 유출된 적이 있다. 이 자

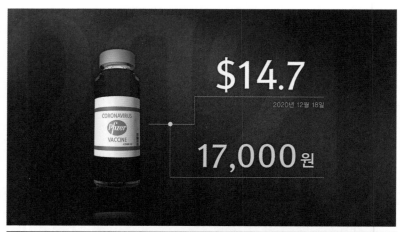

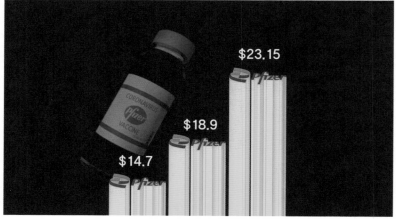

료에 따르면 화이자가 유럽연합과 맺은 백신 가격은 처음 12유로
였다가 15유로, 19.5유로까지 올랐다. 그러자 화이자의 최고경영자
앨버트 불라는 이렇게 말했다. "우리는 한 끼 식사 값에 백신을 팔
고 있다." 백신을 결코 비싸게 파는 게 아니라는 항변을 한 것이다.

백신의 가격은 나라마다 다르다. 제약사와 각 나라의 계약 내용이 밝혀지지 않았기 때문에 정확한 가격을 알기는 어렵지만 대략적인 가격은 알 수 있다. 한 사람이 한 번 맞을 수 있는 백신, 1회 접종분을 보통 '1도스'라고 부른다. 1도스당 가격은 10달러에서 20달러 안팎이다. 우리 돈으로 치면 3만 원이 채 안 되는 돈. 이것이 한 끼 식사 값인가 하는 데는 의견이 다를 수 있을 것이다. 문제는 이 가격이 계속 오르고 있고, 앞으로도 더 오를 가능성이 높다는 것이다.

코로나 백신을 개발한 제약사들이 높은 수익률을 보이는 건 부정할 수 없는 사실이다. 화이자의 경우 2021년 5월 기준으로, 2021년 1분기에 35억 달러 매출을 올렸고, 한 해 동안 16억 회 분량의 백신을 팔아 260억 달러(29조 2,000억 원)의 매출 달성을 전망하고 있다. 특히 모더나의 성공신화가 눈에 띈다. 코로나 발생 전인 2019년만 해도 매출이 6,000만 달러에 그쳤던 이 회사는 주가가 700% 넘게 뛰었고 시가총액은 620억 달러 수준으로 급성장했다.

과연 백신의 마법이라 부를 만하다. 누군가의 위기는 누군가의 기회. 잔인하지만 명백한 사실이다. 인류의 비극 앞에서도 누군가는 돈을 벌고 욕망은 꿈틀댄다. 백신주의 흥망성쇠에 따라 주식 투자자들도 동요했다.

강칠용 제약회사도 역시 자본에 따라 움직이기는 합니다. 이익이 발생하지 않는다면 백신 개발을 하지 않겠죠. 백신 개발의 이득은,

제약회사 입장에서 일단 금전적인 이익을 취할 수 있다는 점, 백신 판매로 돈을 벌 수 있다는 겁니다. 금전적 이득 외에도, 자신의 기술을 사용하여 감염을 막을 백신을 만들어 위업을 쌓을 수도 있습니다. 제약회사가 백신을 만드는 데는 두 가지 목적이 있는 겁니다. 이득을 취하고, 감염을 막아 정부와 전 세계를 도와주는 것.

예를 들어, mRNA 백신인 화이자는 독일과 미국의 합작품이고 모더나 백신은 미국에서 자체적으로 만들었어요. 이들이 개발한 백신은 mRNA 백신으로, 신기술이에요. 이전에 시도해보지 못한 방식인데 효능이 있었고, 여러 국가에 백신을 판매하며 많은 이득을 취했겠죠. 아스트라제네카는 옥스퍼드 대학에서 개발했고 여러 국가의 합작으로 완성되었는데요. 자국민만 쓰는 게 아니라 다른 국가에도 보급을 합니다.

제약회사는 백신으로 당연히 돈을 법니다만, 동시에 백신을 제조할 기술이 없거나 자체적으로 개발할 형편이 되지 않는 다른 나라에 보급할 수도 있습니다. 다시 강조하자면, 누가 백신 개발을 하든, 팬데믹을 종식시키기 위해 이 자원을 서로 공유해야 합니다. 미국 백신이라고 미국만 쓰는 게 아니고 독일 백신이라고 독일만 쓰는 게 아니란 거죠. 이건 전 세계의 문제이고 특정 국가만의 문제가 아니에요.

누군가에겐 생명의 조건이지만 누군가에겐 욕망의 대상인 백신. 지금 인류는 백신의 포로라고 해도 과언이 아니다. 불행하게도 우리는 앞으로도 한동안 이 상태에서 벗어날 수 없다. 그렇기에 글로벌 차원에서 사태를 해결해야 한다. 강칠용 교수의 말처럼 코로나는 어느 한 국가의 문제가 아니기 때문이다.

저개발국, 약소국에 백신 보급이 원활하지 않다면, 지구상 인구의 70~80%에게 접종을 해야 하는데 그러지 못한다면 어떻게 될까? 코로나 종식은 영원히 불가능한 게 아닌가? 그런 미래에는 어떤 일이 일어날 것인가? 저소득 국가에 다시 변이 바이러스가 발생할 것이고, 그것은 다시 고소득 국가에 영향을 주게 된다. 그래서 전체를 보는 시각이 중요하다고 제롬 김은 말한다.

제롬 김 전 세계 인구에게 충분한 양의 백신을 보급할 수 없다면 저소득 국가에서 계속 바이러스가 발생하게 됩니다. 계속되는 바이러스 발발은 돌연변이를 생성할 거고요. 그렇게 되면 백신 프로그램을 가동시키고 있던 고소득 국가로 다시 돌아오게 되어 백신 접종이 실패하게 되고 사망자가 발생하는 것은 물론, 경제도 붕괴되고 현재 백신으로 저지하고 있던 돌연변이가 고소득 국가로 다시 돌아오는 등 아주 심각한 상황을 일으키게 됩니다.

글로벌 팬데믹 사태의 백신은 투명한 메커니즘을 통해 모두에게 공정하게 공급되어야 합니다. 많은 분이 백신 외교 때문에 공평하고 구조적으로 전 세계에 코로나 바이러스 백신을 공급하는 것이 어려워질까 우려하는 것 같아요. 그러나 백신 자체가 무기가 되지는 않습니다.

　백신 접종은 사람을 살립니다. 그러니까 백신이 문제가 아니라 백신을 어떻게 공급하느냐가 문제입니다. 어떤 점에선 군대를 보유하는 거랑 같은 이치인데요. 백신을 확보해서 지구상에 살고 있는 80억 인구 모두에게 접종하려면 군대에서 병참 업무를 보듯이 관리 업무가 중요합니다. 그래서 우리에게 단결된 글로벌 리더십이 필요합니다. 단기적으로만이 아니라 모든 인류에게 백신 접종을 완료할 예정인 2022년까지 중단기적으로 보는 리더십이 필요해요. 이 전체를 볼 줄 알아야 합니다.

　백신이 다시 한번 패권 전쟁의 도구로 전락할지도 모른다는 우려에 대해서도 제롬 김은 낙관적인 전망을 보였다. 러시아, 중국, 인도가 자체 개발한 백신을 각국에 사용하면서 다른 국가와 우호

관계를 맺거나 영향력을 끼치려고 한다는 우려의 목소리가 있긴 했지만, 백신이 패권 전쟁의 도구가 된 적이 한 번도 없었다는 것이다.

사람을 죽이는 도구가 아니라 살리는 도구가 바로 백신이다. 백신을 둘러싼 경쟁이 아니라 협력이 필요한 때다. 팬데믹을 극복하기 위해서는 국제 협력이 무엇보다 중요하고, 세계의 글로벌 리더십을 확보하는 일이 시급해 보인다.

4장

'위드 코로나' 선언,
바이러스와의 공존은 가능할까

인류는 이미 성공한 경험이 있다

지금까지 백신의 개발과 공급에 관한 문제를 살펴봤다. 우리는 국제 협력을 통해 역사상 가장 빨리 코로나 백신을 만들어냈으나 백신 공급에 불평등이 발생했고, 여러 이해관계가 얽혀 있다.

문제는 나만, 우리나라만 백신을 접종하는 것으로는 근본적으로 팬데믹을 종식할 수 없다는 것이다. 세계의 많은 석학들은 백신을 전 세계에 공평하게 지급하는 것이 바로 우리 자신을 위해서도 옳은 일이라고 말한다. 분명 이상적인 이야기지만, 성공 사례가 전혀 없는 것은 아니다. 인류는 이미 그 문제를 해결했던 경험이 있다.

트리트먼트 액션 캠페인Treatment Action Campaign은 에이즈 치료제를 확보하기 위한 전 지구적 행동이었다. 1982년에 에이즈가 첫 발생한 이후 발생률은 점점 증가해왔다. 에이즈로 가장 심각한 피해를 받은 곳은 바로 아프리카. 남아프리카공화국에서 에이즈 환자 한 명이 1년간 받아야 할 치료제의 가격은 1,000만~2,000만 원이었으니, 그들로선 감당할 수 없는 금액이었다. 1997년 남아공 정부는 법안 하나를 통과시킨다. 의약품 관련 물질 관리법에 관한 개정안으로, 요지는 치료제를 복제하겠다는 것이다. 이에 제약사들이 반발했고 아프리카를 넘어 전 인류가 제약사와의 투쟁에 연대했다.

그로부터 4년 뒤인 2001년, 마침내 '도하 선언'이 나왔다. 약에 관한 특허권을 둘러싼 지식재산권의 유연성을 재확인한 것이다. 제약사는 소송을 취하했고, 결국 세계는 남아공 정부의 손을 들어 줬다.

또 다른 사례도 있다. 지금까지 인류가 박멸한 유일한 바이러스, 천연두다. 이 바이러스를 박멸하기 위해 전 세계가 엄청난 노력을 들였는데, 이에 동의하고 행동에 적극적으로 나선 두 나라가 미국과 구소련이었다. 냉전체제가 절정이었을 때다.

먼저 움직인 건 소련이었다. 소련은 2,500만 회 접종 분량의 백신을 조건 없이 국제사회에 기부했다. 그러자 미국이 화답했고, 그때부터 천연두 바이러스 박멸 프로그램은 무서운 속도로 성과를 냈다. 이때 전 세계를 대상으로 한 백신 접종 매뉴얼이 만들어졌고, 지금도 인류는 그때 만들어진 백신 접종 매뉴얼에 크게 기대고 있다.

사례는 또 있다. 소아마비 바이러스로 평생 다리를 절었던 루스벨트 대통령을 기억할 것이다. 그가 죽고 10년 후 조너스 소크 박사가 백신을 발견했다. 그러나 소크는 이 백신의 특허권을 포기했고, 그때 그가 했다는 유명한 말이 있다. "특허는 없습니다. 태양에도 특허를 낼 건가요?"

코로나는 천연두나 소아마비와 같은 사례로 남을 수 있을까?

"**특허**는 없습니다.
태양에도 **특허**를 낼 건가요?"

- 조너스 에드워드 소크

이 팬데믹이 끝나면 우리는 다시 일상으로 돌아갈 수 있을까?

강칠용 교수는 이를 긍정적으로 전망한다. 우리가 집단면역을 이루면, 코로나 바이러스 감염을 전 세계가 다 같이 통제하면 종식할 수 있다는 것. 그렇다고 해서 신종 바이러스가 생기지 않을 거라는 장밋빛 전망을 하는 것은 아니다.

강칠용 천연두는 지금 지구에 아예 존재하지 않습니다. 한때는 수백만의 목숨을 앗아갔는데 말이죠. 왜냐하면 예방을 아주 철저하게 했거든요. 저는 전 세계 인구 70%가 백신 접종을 받는다면 예전으로 돌아갈 수 있다고 생각합니다.

그렇다고 해서 미래에 다른 신종 바이러스가 생기지 않을 거라는 것을 보장해주지는 않습니다. 미래의 팬데믹을 막는다는 보장은 없어요. 항상 새로운 질병이 생겨날 가능성이 있어요. 왜냐하면 50년 정도의 타임라인을 보면 신종 바이러스 감염이 계속 있었거든요. 에볼라 바이러스가 있고요. 사스, 메르스, 사스, 지카 바이러스 등 전혀 다른 종류의 신종 바이러스가 갑자기 발생했어요. 그중에 하나는 팬데믹을 일으키는 수준이 되겠죠.

성공적이지 못한 사례도 있다. 바로 로타 바이러스의 경우다. 로타 바이러스는 장염을 유발하는 바이러스로 전 세계의 모든 아이가 5세 전에 한 번은 감염된다고 한다. 제롬 김은 2020년 11월 서울대학교 송-강 포럼에서의 연설 중에 "로타 바이러스 백신이 나온 후 미국에서는 바이러스가 전멸하다시피 했는데 11년이 지난 현재까지도 전 세계 영유아 60%가 백신 3차 접종을 못하고 있다"라고 말했다.

제롬 김   백신은 보통 선진국의 제약회사에서 개발합니다. 2000년대에 개발된 로타 바이러스 백신은 전 세계에서 발생하는 유아 설사병 치료 효력을 인증받고, 미국에서는 2006년에 승인을 받았어요. 2009년에 WHO의 승인을 받아 소아들에게 접종하도록 추천했어요.

그런데 12년이 지난 후에도 전 세계 어린이의 60%는 여전히 로타 바이러스 백신을 접종받지 못했습니다. 그 이유는 무엇일까요? 연간 로타 바이러스 백신 생산량은 1억 개밖에 되지 않습니다. 그런데 코로나 바이러스 백신은 100억에서 150억 개가 필요합니다. 제약회사들은 그렇게 많은 양을 생산해본 적이 없어요. 다른 백신도 마찬가지입니다. 대한민국의 어린이가 대부분 접종하는 폐렴 백신 같은 경우도 다른 나라의 어린이는 받지 못하는 경우가 많아요. 백신 접종을 하는 데 상당한 비용이 들고요.

해결책은 고품질이면서 상당한 양의 백신을 생산할 능력을 갖춘 중소 국가에 백신 제조 공장을 확보하는 것인데 대한민국, 인도, 인도네시아 같은 위치면 더 좋죠. 그런 회사들이 전 세계 어린이에게 접종할 폐렴 백신, 암 치료제, 로타 바이러스 백신 등을 수십억 개 생산하는 겁니다. 코로나 바이러스 백신의 경우 다행인 것은 발생 초기부터 사람들이 이러한 구상을 했다는 거예요.

그 발상에서 나온 것이 'COVAX'인데 WHO와 GAVI 그리고 CEPI에서 운영하는 단체입니다. COVAX에 189개 국가가 참여하고 있고요. 코로나의 경우, 각국이 필요한 양의 최소 20%를 백신 출시 첫해에 받을 수 있습니다. 즉 2021년 연말쯤엔 20억 개 분량이 전 세계에 공급될 예정입니다. 첫 도입이 되는 이번 해에 189개 국가에 새로운 백신 기술을 개발하여 공급하는 일을 가장 먼저 할 겁니다. 80%를 더 채워야 하지만 시작이 중요한 겁니다.

국제 백신 공급 프로젝트인 COVAX는 백신을 전 세계에 평등하게 분배하기 위한 프로그램이다. 물론 강제성은 없지만 많은 국가가 참여하고 있다. 대표적으로 미국은 2021년 6월 다른 국가에 공여하기로 약속했던 8,000만 회 분량의 백신 중 75%를 COVAX에 공여하겠다고 발표했다. 비슷한 시기에 일본도 아스트라제네카 백신 100만 회분을 COVAX에 전달하겠다고 밝혔다.

팬데믹은 우리가 국제 협력의 시대로 나아가야 한다는 것을 보여주었다. 이것이 끝이 아니라 또 다른 질병도 생겨날 것이기 때문이다. 물론 이것으로 충분하지 않다. 더 많은 노력이 필요하다. 그리고 우리 모두의 인식을 전환하는 것도 필요하다.

모두가 안전해지기 전까지 그 누구도 안전할 수 없다

COVAX에 참여한 189개 국가 중 92개국은 백신이 개발된 첫해에 백신을 무료 혹은 저가로 공급받게 된다. 고소득 국가와 거의 같은 시기에 공급받는 것이다.

또 COVAX는 모든 국가에 필요한 전체 공급량의 20~25%를 지급한다. 이를 2021년 연말까지 달성하려고 노력하고 있다. COVAX를 비롯한 국제 협력의 움직임은 인류에게 위안과 희망을 준다.

제롬 김 COVAX의 2022년 계획은 아직 미정이긴 합니다만, 2022년 즈음엔 다른 백신 공급처가 더 마련될 것이라고 보고 있습니다. 저소득 국가를 위한 백신 공급 대책이 더 많아질 거라는 거죠. 그러한 대책 방안이 백신이 더욱 긴급하게 필요한 국가에 우선권을 줄 수 있었으면 합니다. 앞으로도 이런 행보를 이어나갈 수 있으면 좋겠어요. 꼭 이번 코로나 바이러스뿐 아니라 앞으로 개발할 새로운 백신이나 로타 바이러스 백신처럼 이미 개발된 것도 유사한 메커니즘을 적용할 수 있을 겁니다.

COVAX 외에 CEPI와 같은 기관도 있죠. CEPI는 초기에 대한민국에서 잘 알려진 메르스나 서아프리카에서 발병한 다른 질병들, 동남아시아에서 시작된 니파 바이러스에 대해 집중 연구했습니다. 또한 지난 질병들을 연구하면서 플랫폼을 구축하여 한 바이러스에서 다른 바이러스로 바로 바꿔서 적용할 수 있는 기술을 만들었습니다. 그리고 코로나 바이러스가 발병하자 CEPI는 2주 내여러 제약회사들에 자본을 지급하면서 백신 개발에 착수하게 했고그중 몇몇 회사들은 지금 우리가 알고 있는 제약회사들이죠. 모더

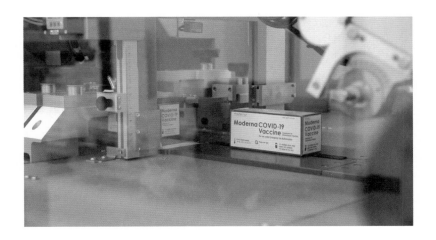

나, 노바벡스, 이노비오. 이런 곳들이 CEPI 연합에서 자금 지원을 받았습니다.

CEPI는 질병이 창궐했을 때 전 세계가 연합하여 백신 개발 계획을 추진하면, 현 코로나 바이러스 사태처럼 백신 개발 및 확보를 빠르게 할 수 있음을 보여준 겁니다.

CEPI의 수장, 리처드 해쳇은 이번 팬데믹을 거치며 복잡한 심경이라고 말했다. 과학 분야의 국제적 연대를 목도했고, 백신을 빠르게 생산해내면서 혁신적 기술도 등장했다. 백신의 빠른 공급을 위해서 규제 시스템상의 유연성도 생겼다. 그야말로 놀라운 성과로 볼 수 있다. 그러나 백신에 있어서 자국 우선주의 또한 나타났다. 우리는 팬데믹으로 드러난 빛과 어둠을 모두 목격하고 있다.

리처드 해쳇　지금도 완벽하지는 않지만 진일보한 모습의 국제적인 연대와 화합이 이루어졌습니다. WHO 아래 COVAX, CEPI, GAVI, UNICEF가 굉장히 빠르게 행동으로 옮겨 연대를 하였고 다가올 위협에 대비하여 집단 지성과 노력을 통해 좋은 본보기를 형성했습니다.

반면 백신 공급에 있어서 현재도 그렇고 불균형이 계속 목격되고 있습니다. 많은 사람이 '백신 자국 우선주의'라고 부르는 현상이 계속 나타나고 있어요. 이런 현상들은 다 예상했던 바이지만, 우리는 그런 세상에 살고 싶어 하지 않습니다.

앞으로도 장기간의 고난이 있을 것이라고 보는데요. 제 생각에 팬데믹이 이 분야에 오래 몸담았던 사람들의 두려움을 깨닫게 해준 것 같습니다. 미래를 더욱 잘 대비할 수 있는 크나큰 기회도 제공해줬고요. 심지어 미래의 팬데믹 사태를 확연하게 감소시키거나 또는 아예 제거할 수도 있는데, 그런 일을 하는 것이 저희 CEPI의 임무 중 하나입니다.

마찬가지로 팬데믹 이전부터 세계 보건을 위해 활동해온 비영리단체는 또 있다. 앞에서도 잠깐 소개했던 SGH다. 21세기에도 의사와 간호사, 의료 장비가 없는 지역들이 지구상에는 존재한다. 그곳에 와서 의료를 제공해주는 사람들은 있지만 해당 지역의 현실까지는 바꿀 수 없다. 그런 나라에 지속적인 변화 능력을 길러주자는 취지에서 설립되었다. 자라나는 세대에게 의사, 간호사, 산파 등의 훈련을 제공하고 의료인들을 지원해 보건체계 자체를 바꾸는 것이다. 이 단체는 팬데믹 상황에서도 큰 역할을 했다.

바네사 캐리   저희 SGH에서는 지난 8년 동안 2만여 명의 의사, 간호사, 산파들을 훈련했습니다. 현재 우린 4개 국가에서 일하고 있습니다. 말라위, 우간다, 잠비아, 시에라리온이죠. 수십만 환자들의 생명에 영향을 끼쳤죠. 이제는 지속되는 변화가 생겼습니다. 이들은 의료 최전선에서 일하며 보건체계의 틈새를 메우고, 사람들이 죽지 않도록 도우며, 질병을 예방하고 양질의 의료를 제공하고 있어요.

그리고 코로나의 시대에서, 이 사람들이 바로 최전선에서 일하며 코로나에 대응하고, 현지의 문제들을 해결하고 있습니다.

코로나가 닥쳐왔을 때, 파트너들과 정부에서 저희에게 코로나 대응을 도와줄 것을 요청해왔어요. 그래서 국가들과 제휴를 맺어 계획을 수립하고, 의료진들에 대한 보호를 확보한 후 훈련을 지속하여, 전문 의료진이 코로나로 인한 방해 없이 계속 보급되도록 했습니다. 일부 지역에서는 저희가 직접 코로나 케어를 제공하기도 했습니다.

또 저희는 코로나 대응에 관련한 교육 훈련도 진행했습니다. 도심 중앙부터 수십 Km 떨어진 시골 지역까지 시행하며, 모든 환경에 대한 코로나 대응과 위탁 기지가 이어질 수 있도록 만들었죠.

저희가 해온 일의 몇 가지 핵심은, 계속해서 우리의 일을 하는 것이었습니다. 매일 하는 핵심 노동을요. 우리는 다른 곳에서 일어난 팬데믹을 알고 있었어요. 서아프리카에 에볼라가 있었죠. 가장 큰 사망 원인은 팬데믹 자체가 아니라, 핵심 의료 서비스의 붕괴였습니다. 에볼라를 예로 들면 백신의 중단, 그리고 아이들에 대한 백신 공급 문제가 일어났었죠.

대부분의 사람들은 코로나로부터 도망을 가지만, 우리는 병을 향해 달려가고 있습니다. 아프리카로 교육할 사람들을 보내고 있으며, 우리의 일을 계속해 나아가면서 코로나 지원 프로그래밍도 돕고 있습니다. 이 시기에 직접 나서 코로나 중에 나타나는 사례들에 대한 대응을 돕고, 대중들에게 필요한 공중 보건과 예방 대책을

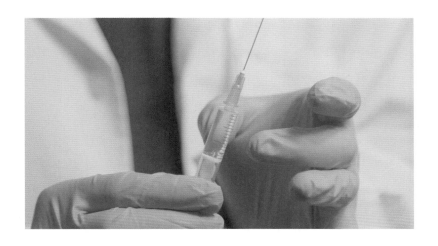

도와 코로나의 발병을 초기에 막는 노력을 기울이고 있죠.

팬데믹은 세계 의료체계의 기존 문제들을 드러나게 했다. 개발이 덜 된 국가들과의 차이를 메우는 일 역시 풀어야 할 문제다. 바네사 캐리는 보건의 힘을 이해해야 한다고 말한다. 보건은 우리의 생활방식, 일상 체계, 경제, 사회적 웰빙, 안보까지 거의 모든 것에 영향을 미치는 중요한 힘이다. 그렇기 때문에 세계 보건의 불균형은 심각한 문제다. 팬데믹 속에서 우리가 진정으로 논의해야 할 문제이기도 하다.

다행히도 백신을 충분히 생산하고, 제때 골고루 공급하려는 국제사회의 노력이 진행되고 있다. 하지만 이것으로 충분할까? 글로벌 리더십도 중요하지만 지구상에서 살아가는 우리 모두의 인식을 바꾸는 것도 중요한 일이다. 국민들이 인식을 바꾸지 않으면 국가도 바꾸기 힘들고, 세계도 달라지기 힘들 것이기 때문이다. 경쟁에서 협력으로, 생각의 전환이 필요하다. 내가 살기 위해서는 남도 살아야 한다는 사실을 인식해야 한다.

이택광 백신은 치료제가 아니에요. 백신을 맞는다고 해서 그 병에 안 걸리는 게 아니라 백신을 맞아서 감염률을 떨어뜨려야 되는 거죠. 그래서 남이 먼저 맞든 내가 먼저 맞든 빨리 맞는 게 가장 상책입니다. 누구든 빨리 많이 맞는 게 상책이지, 네가 먼저 맞고 내가 먼저 맞고 이게 중요한 게 아니라는 거예요.

지금 우리가 마시는 한 잔의 커피라든가 우리가 먹는 한 조각의 초콜릿이 어디서 옵니까. 전부 다 가난한 나라에서 옵니다. 가난한 나라의 노동자들이 필수노동을 해서 우리에게 공급하는 것이거든요. 그런 사람들이 코로나 바이러스에 의해 희생되면 누가 우리에게 커피 한 잔을 가져다줄 것이며, 누가 우리에게 초콜릿 한 조각을 주겠어요. 글로벌 자본주의라는 것이 가지고 있는 이점을 우리가 계속 누리고자 한다면 백신 민주주의가 이루어져야 하는 거죠. 코로나 팬데믹이 우리에게 근본적인 생각의 전환을 요한다는 건 이런 이유 때문이에요. 나만 살면 된다는 생각이 팬데믹 이전에 우리를 지배했던 경쟁적 사고였다고 한다면, 팬데믹은 우리에게 그런 경쟁적 사고를 버리도록 요구하고 있는 겁니다. 협력하지 않으면 살아남을 수 없다, 이게 뉴노멀이라고 말할 수 있죠.

많은 사람이 팬데믹 이전의 생활로 돌아가기 어렵다고 말한다. 팬데믹 이후의 세상은 어떨까? 팬데믹은 언제 완전히 종료될까? 아직 오지 않은, 그러나 분명히 오고 있는 코로나 이후의 세상. 우리는 새로운 세상에 익숙해질 수 있을까? 우리가 만난 석학들은 하나같이 코로나가 다시 올 것이라고 예측했다. 그때를 위해 우리는 어떤 대비를 해야 할까?

팬데믹은 반드시 다시 온다

코로나가 종식된 후에 할 일의 리스트를 작성하고 있는 사람도 많을 것이다. 그러나 완전한 종식은 힘들어 보인다. 이미 코로나와 공존할 세상, 그러니까 '위드 코로나'를 논하기 시작했다. 코로나는 독감처럼 함께 살아가야 할 질병이 될까? 코로나와 함께 살아갈 세상은 어떤 모습일까? 리처드 해쳇의 전망을 들어보자.

리처드 해쳇   코로나 바이러스와 계속 함께 살아가게 될 것이라고 생각합니다. 특히나 취약계층에게는 여전히 위협이 될 거고요. 그래서 저는 코로나 이전의 세상으로는 절대 돌아가지 못할 거라고 생각합니다. 결국 우리는 새로운 세상에 순응해야 됩니다.

일단 적응하면, 최대한 많은 사람이 백신 접종을 하고 확산 정도가 최소한으로 낮아진다면, 감시체계나 게놈 감시체제가 필요해

질 것이고, 새로운 변이가 나타날 때 빠르게 대응할 수 있도록 새로운 방침이 필요해질 겁니다. 백신을 얼마나 자주 맞아야 할지는 모르지만, 매년 또는 몇 년에 한 번 또는 10년에 한 번이 될 수도 있죠. 전 세계가 전염병과 팬데믹을 심각하게 인지하고, 주요 기관들이 변화하고 대응할 것이라고 예상합니다. 그러한 변화는 국가적 차원에서, 지역적 차원에서, 그리고 세계적 차원에서 대응 방식이 이뤄질 것이고 향후 몇 년간 세계의 화두가 될 것입니다.

사람들은 지쳤다. 어차피 사라지지 않을 것이라면 체념하고 일상을 되찾고 싶다는 욕구도 점점 커지고 있다. 특히 백신 접종이 시작되면서 코로나 감염에 대한 경계가 느슨해지는 현상도 보인다. 백신을 맞았으니 마스크를 쓸 필요가 없다고 생각하는 사람도 있다.

백신 접종이 많이 이루어지고 감염률이 극히 낮아진다면 사람들은 다시 일상을 찾아갈 것이다. 그러나 그 일상은 이전과는 분명 다를 것이다. 게다가 팬데믹은 다시 올 수 있고, 코로나 바이러스는 어쩌면 예고편에 불과한지도 모른다. 이번 기회에 많은 것을 정리해놓아야 하는 이유다. 실제로 다시 팬데믹이 온다면 우리는 적어도 이번보다는 더 잘 대처할 수 있을 것이다. 무엇을 해야 할지 알고 있기 때문이다.

코로나가 종식되지 않을 가능성도 있다. '위드 코로나'의 시대에 계속해서 백신을 맞아야 할 수도 있다. 그러나 팬데믹이 백신의 중요성과 세계 보건 개선의 필요성을 일깨워주었다는 점에서 의미가 크다.

제롬 김　팬데믹은 또 옵니다. 앞으로 분명히 나타날 한 가지는 바로 항체 저항력이 있는 세균입니다. 이렇게 발생한 질병은 항체 저항력이 있어서, 만약 손 놓고 있다면 2050년까지 매년 1,000만 명의 사망자가 발생할 것입니다. 우리가 아무것도 하지 않는다면 경제 규모 피해는 매년 100조 달러에 달할 거고요. 차후 팬데믹을 몰고 올 항체 저항력을 지닌 세균 예방법에 대한 연구를 진행하고 있어야 합니다. 국내 차원의 연구와 여러 연구소 및 국제 협력을 통하여 대응할 준비를 하고 있어야 합니다.

중요한 것은 우리가 이제는 어떻게 대처해야 하는지 알고 있다는 겁니다. 또 무엇이 통하고 통하지 않는지 알고 있습니다. 전 세계 국가들이 다음 백신이 나오기 전까지, 그사이에 어떤 것이 효력이 있고 어떤 방역 수칙을 효과적으로 실행할 것인지 연구해 사람 간, 국가 간의 전염을 막을 수 있는 능력을 갖추었으면 좋겠습니다. 백신의 중요성을 깨닫게 해주고 백신 접종 프로그램이 잘 이뤄졌을 때의 엄청난 효과를 증명하고 우리가 세계 보건에 막대한 공헌을 했다는 사실이 이번 코로나 바이러스의 유산이라고 봅니다.

코로나 팬데믹은 인류의 역사에 어떻게 남을까? 우리는 코로나 팬데믹을 어떻게 기억하고 다음 세대는 또 이 팬데믹을 어떻게 인식할까?

슬라보예 지젝은 코로나 후의 세상이 반드시 더 나아질 거라고 낙관하지 않는다. 오히려 역사가 후퇴하거나 어두운 시대를 맞이할 수도 있다. 그 열쇠는 우리 자신이 쥐고 있다. 어떻게 대처하고 나아가느냐에 따라 우리 미래는 달라질 것이다. 슬라보예 지젝은 이 점을 냉정하게 지적한다.

슬라보예 지젝　이번 팬데믹을 어떻게 기억하게 될지는 우리가 어떻게 이에 반응하고 대처하느냐에 따라, 그리고 팬데믹이 끝날 때 어떤 사회가 출현하느냐에 따라 달라지겠죠. 예를 들어 후퇴하는 듯한 양상이 많이 나타날 수도 있어요. 근대 이전으로 돌아간 것처럼 될 수도 있고, 혹은 그냥 자연현상으로 받아들일 수도 있고요. 다

른 정부 형태나 중앙집권주의가 우후죽순으로 등장할 수도 있어요. 이런 사회를 우리가 맞이하게 될 운명에 처할 수 있습니다.

우리의 자유가 종말을 맞이할 수도 있어요. 생명권이 완전히 통제당할 수도 있는 겁니다. 아니면 우리가 정말로 행동에 나서야 할 수도 있고요. 그러니까 팬데믹 사태뿐 아니라 자연재해, 지구온난화 등에도 대처할 수 있도록 모든 사회생활을 재정렬해야 합니다. 우리는 의료 차원의 위기상황만 직면하고 있는 게 아니에요. 정치적으로도 중대한 시기에 놓여 있습니다. 우리는 선택을 해야 하고 무엇을 원하는지, 어떻게 대응해야 하는지 결정을 내려야만 합니다.

우리는 코로나로 많이 배웠다. 과학은 빠르게 진보하고 있으며 시행착오를 거쳤지만 세상은 안정되어 가고 있다. 끝나지 않을 듯 길게만 느껴지는 이 쓰라린 경험은 결코 헛되지 않을 것이다. 우리가 얻은 깨달음과 경험을 잊지만 않는다면 말이다. 바네사 캐리는 코로나 이후의 세계와 다시 올지 모르는 팬데믹에 대해 낙관적이다.

바네사 캐리　저는 세계가 트라우마에 걸렸다고 생각해요. 여러분의 나라가 심한 영향을 받지 않았다고 해도, 여행을 가서 친척들을 만날 수 없게 되었고, 경제가 다쳤으며, 세계가 뒤집혔죠.

하지만 코로나를 통해 우리가 많이 배웠다고 생각합니다. 저는 진심으로 우리가 건강의 중요성을 깊게 깨달았다고 믿어요. 그래서 이전과는 다른 가치를 두고, 이런 규모의 사건의 발생을 예방하기 위해 공동의 방식으로 더 잘 대응할 수 있을 거라고 생각합니다. 이번 경험을 통한 깊은 이해, 그리고 우리 과학의 진보와 함께 다음 번에는 더 빠르고 더 효과적으로 더 큰 연대를 통해 이런 규모의 팬데믹 발생을 함께 막을 수 있을 거란 희망을 갖고 있습니다.

바네사 캐리가 말하는 희망의 울림이 크다. 우리는 언제나 희망의 쪽에 손을 들어주고 싶다. 하지만 잊지 말아야 할 것은 지젝의 말처럼 우리가 어떻게 하느냐에 미래가 달려 있다는 사실이다.

팬데믹으로 인해 건강 다음으로 흔들리는 것이 경제와 노동의 문제다. 비대면의 발달과 AI를 위시한 기술의 발전은 노동의 형태를 바꾸고 있다. 게다가 코로나로 인해 불평등과 양극화가 극심해지면서 노동의 가치도 흔들린다. 우리는 어떤 세상에서 어떤 노동을 하며 살아가게 될까?

2부

노동의 재구성

안전한 비대면의 세상

2020년 이후 다시 10년 만에 발생한 팬데믹. 신종독감의 확산세가 심상치 않다. 확진자가 1만 4,000명을 넘기자 학교의 임시 휴교령이 계속 확대된다. 시험을 온라인 과제물로 대체하고, 유치원은 물론 초·중·고등학교 역시 원격수업을 이어간다.

아예 자퇴하고 검정고시를 준비하는 학생들도 늘고 있다. 외롭지 않을까 싶지만 컴퓨터만 켜면 언제라도 친구들을 만날 수 있다. 가상현실 속에서 아바타로 친구들을 만나고, 그 안에서 게임을 하거나 대화를 한다.

사람들은 각자만의 공간으로 들어가 스마트폰, 태블릿, VR 헤드셋 등으로 세상과 연결된다.
메타버스 플랫폼에 모여 함께 쇼핑을 하기도 한다. 이것들이 없었더라면, 팬데믹의 긴 터널은
훨씬 더 혹독하고, 지루하고, 고통스러웠을 것이다.

우리가 수없이 보아온 영화 속의 세상. 이미 와 있거나, 오고 있는 세상.

하지만 빛이 있으면 늘 어둠이 존재하듯이

팬데믹이 빠르게 앞당긴, 기술의 발전은 인류의 삶에 어떤 영향을 끼칠까?

5장

로봇 세상,
유토피아인가 디스토피아인가

팬데믹이 앞당긴 4차 산업혁명

1부에서 우리는 코로나19의 발생과 유례없이 빠른 백신의 개발에 대해 이야기했다. 코로나 바이러스가 나타난 이래, 방역에서부터 백신 접종까지 신속하고 효율적으로 이루어지는 과정은 기술 발전이 없었다면 결코 가능하지 않았을 것이다. 우리가 볼 수 있는 곳에서, 또 보이지 않는 곳에서 기술은 팬데믹에 맞서는 데 큰 역할을 했다.

게다가 사람들은 새로운 일상에 생각보다 쉽게 익숙해졌다. 스마트폰과 PC, 태블릿 등 온갖 스마트 기기의 덕을 많이 봤다. 이런 기기들이 없었다면 우리가 걸어야 하는 팬데믹의 긴 터널은 더 혹독하고 지루했을 것이다. 팬데믹 속에서도 우리는 세상과 연결될 수 있었다. 아주 많은 것이 문 앞까지 배달될 수 있다는 사실도 깨달았다.

한재권 코로나 바이러스 백신은 인간이 개발했던 어떠한 백신보다도 빠르게 개발됐습니다. 그래서 위험한 정도가 높을 거라는 예상도 했지만, 예상보다 상당히 안정적인 기술로 개발됐죠. 여기에 인공지능이 큰 역할을 했어요. 예전 같았으면 사람이 일일이 데이터를 다 분석했을 텐데, 인공지능이 그 시간을 정말 많이 단축했죠. 앞으로 인공지능이 바이러스와의 전쟁에서 인류가 조금 더 앞서나갈 수 있게 돕는 유용한 기술이 되겠구나 하는 희망적인 장면을 봤습니다.

인류 역사를 보면 감염병이 한번 크게 유행한 다음에 새로운 문명이 만들어졌거든요. 그게 우리 인간이 거쳐 왔던 문명 발전의 사이클이었습니다. 예를 들어 흑사병으로 인해서 산업혁명이 발전했죠. 많은 사람이 희생되는 안타까운 일이 벌어지긴 했지만, 이 고난을 거치면 새로운 문명을 만들어나갈 시대를 마주할 수 있으리라 생각합니다. 어떠한 형태의 문명이 우리 앞에 놓여질지는 저도 감히 예측은 못하겠습니다.

하지만 새로운 문명의 세상이 곧 열릴 텐데, 이 세상에서 인간이 행복을 찾으려면 지금 해둬야 할 일이 많습니다. 우선 개개인 각자가 기술에 대해 관심을 가져야 할 것이고요, 새로운 문명을 만들어나간다는 사명감을 가지고 목소리를 높여야 하는 시기가 왔다고 생각합니다.

어색하고 낯설었던 것들이 이제는 더 편하기도 하다. 대표적인 예로 우리는 불필요한 대면 만남을 줄였을 때 얻어지는 긍정적인 효과를 알게 됐다. 팬데믹이 의외의 순기능을 한 것이다. 로봇을 연구하는 한재권 박사는 팬데믹을 계기로 로봇기술이 급격히 발달했는데, 이는 코로나19가 사람과 사람 간의 관계에 대해 생각해볼 기회를 주었기 때문이라고 말한다.

한재권 특히 로봇기술이 가속화됐는데요. 그 이유 중 하나가 사람들이 다른 사람과 만났을 때, '아, 이런 경우는 만나면 불편하구나' 하는 걸 깨달았기 때문인 것 같아요. 또는 반대로 '이건 사람과 만나야 하는 일이구나'라는 식으로 사람과 사람 간의 관계에 대해 다시 생각하게 되었고, 그 결과 많은 테스트를 한 것입니다.

로봇이 필요한 부분도 깨닫기 시작했죠. 배달로봇 같은 경우가 그 예입니다. 비대면을 선호하다 보니 현관에서 배달을 받는 것이 불편하다고 느낀 사람이 많아요. 이렇게 배달로봇이 필요하다 느끼고, 이에 따라 개발이 가속화되는 겁니다. 이번 팬데믹을 겪어

보니 인간과 인간이 밀접해야 하는 경우가 있는 반면, 어느 정도 거리를 둬야 하는 경우도 있더라고요. 이 거리를 둬야 하는 부분에서 로봇들이 도움을 줄 겁니다.

로봇기술이 빨리 발전하고 있는데 언제쯤 우리 곁에서 보게 될까 궁금하시겠죠. 저는 단계별로 들어올 것 같아요. 일단은 로봇의 형태에 따라서 만들기 쉬우며 가격이 싼 로봇이 있고, 반대로 만들기 어려운 고가의 로봇이 있습니다. 상업화는 가격과 밀접한 관련이 있거든요. 바퀴가 달린 형태로 이동해서 서비스를 할 수 있는 로봇은 식당이나 배달로 볼 수 있고, 길거리나 전시장에서도 볼 수 있습니다. 이런 바퀴 달린 로봇들은 약 5년 내에 굉장히 많이 선보이지 않을까 싶습니다. 인간과 유사한 형태의 로봇은 최소 10년에서 20년 안에는 우리 곁에서 서비스를 제공해주리라 예상하고요.

로봇을 만드는 일의 최종 목표는 결국 우리 삶의 변화죠. 우리의 삶이 변해서 좀 더 내가 더 하고 싶은 일, 가치 있는 일을 하며 살아가는 것. 여기에 위로를 더 받으면서 행복감을 증진시키는 것. 이게 바로 기술의 궁극적인 목표가 되어야 한다고 생각합니다.

바야흐로 비대면 세상이다. 대면하지 않는 사회는 국가 차원의 봉쇄와 사회적 거리두기로 인해 현실이 되고 있다. 바이러스가 나타나면 사람과 사람의 접촉은 위험해지고 우리는 다시 각자만의 공간으로 들어가야 한다. 어른들은 재택근무를 하고 아이들은 온라인 수업을 받는다. 미래에는 교사가 로봇으로 대체될지 모를 일이다. 영화에서나 보던, 우리가 공상과학 즉 SF라고 부르던 세상이다. 그러나 이미 와 있거나 오고 있는 세상이다.

학교 없는 학교, 회사 없는 회사

SF에서는 가르쳐주지 않았던 것도 있다. 살려면 어쩔 수 없이 해야만 하는, 지루하고 인내가 필요한 일들이다. 가령 온라인 수업이 도입되긴 했지만 인류는 아직 공교육 시스템을 포기하지 않았다. 어떤 환란이 닥쳐도 아이들은 모여서 공부를 해야 한다. 아직은 완전한 비대면 세상을 예측하기란 힘들다.

> **수바라오 캄밤파티** 한 심리학 논문에 따르면, 어린아이들은 진짜 사람이 있을 때만 공부를 하고, 텔레비전 같은 매체를 통해서는 거의 학습이 불가능하다는 연구결과가 나왔습니다. 실제로 전 세계 초등학교 아이들은 팬데믹 기간 동안 대부분 온라인 교육을 잘 해내지 못했습니다. 앞으로 우리의 숙제는 직접 출석 수업과 과외 시스템, 그러니까 선생님과 교실에 있어도 컴퓨터를 통해 스스로 학습 성과를 이끌어내는 조합을 찾는 것입니다.

반면 생각보다 좋았던 일도 있다. 그중 하나는 아마 직장일 것이다. 사람들은 더 이상 일을 하러 사무실에 나갈 필요가 없다는 걸 깨달았다. 물론 꼭 현장에 가거나 대면해야 하는 일도 있지만, 그럼에도 앞으로는 재택근무가 더욱 증가할 것이라고 이미 많은 사람들이 예측하고 있다. 재택근무가 느는 것은 단지 직장인 개인만의 문제는 아니다. 부동산과 주변 상권, 주거의 변화까지 많은 것을 바꿔놓을 것이다.

수바라오 캄밤파티 현장에 나가야 하는 특정한 일을 제외하고는, 단지 메일을 주고받거나 회의를 위해서 꼭 사무실에 있을 필요가 없어졌어요. 사무실이 다시 열리더라도 20~30%의 사람들은 다시 돌아가지 않겠다고 응답한 연구결과도 있습니다. 제가 도심에 부동산을 갖고 있었다면, 누구도 사무실을 임대하지 않아서 기분이 좋지 않겠죠. 이미 미국의 일부 도시들에서는, 시내의 사무실 공간을 집으로 개조하고 있습니다. 사람들이 사무실에 다시 돌아오지 않으리라 예상하기 때문이죠. 예전에는 사무실로 출근하는 게 너무나 익숙했기에 생각해보지 못했던 일입니다. 갑자기 상사에게 찾아가, 사무실에 나오고 싶지 않다고, 집에서도 할 수 있다고 말한다면 해고를 당했겠죠. 하지만 이제는 알게 되었습니다. 실제 여러 가지 사례들에서, 재택근무를 하는 화이트칼라들의 생산성이 증가했다는 사실이 증명되었습니다.

물론 아직은 성에 안 차는 것도 많다. 화상으로 이뤄지는 강의나 회의에 대해 불편함과 어색함을 토로하는 사람이 적지 않다. 재택근무를 하면 오히려 일에 집중하기 어렵다는 사람도 있다. 하지만 이런 기술이 더 발전한다면 더 이상 교실이나 사무실은 필요 없어질지도 모른다.

이미 교실을 떠나는 아이들도 있다. 팬데믹 상황에서 학교에 가기 불안했던 고3 학생들 중에는 집에서 공부하는 길을 택한 이들이 있었다. 팬데믹이 더 길어지거나 다시 팬데믹이 온다면 상황은 더욱 빠르게 변할 것이다. 우리가 알고 있던 전통적인 학교 개념은 점점 사라져갈 것이다. 인류가 존재하는 한 교육 자체가 사라지는 일은 없겠지만, 그 시스템과 형식은 어떤 식으로든 바뀔 수밖에 없다. 미네르바스쿨은 이미 학교 없는 학교로 유명하다. 캠퍼스 없이 인터넷으로만 강의를 듣고 토론하며 학사 일정이 진행되는, 일종의 온라인대학이다. 이 학교가 갈수록 인기가 치솟고 있다. 앞으로는 이런 형태의 학교가 더욱 많아지고 다양해질 것이다.

교육만 변할까? 로컬모터스는 회사 없는 회사다. 세계의 수많은 디자이너와 엔지니어들이 온라인상에서 만나 자동차의 모델을 만들고, 이를 3D 컴퓨터로 생산해낸다. 생산 분야에도 집단 지성이라는 아이디어를 적용한 것이다. 전문가들은 이런 형태의 기업도 앞으로 점점 더 많아질 것으로 예상한다.

심지어 돈 없는 돈까지 나왔다. '가상화폐'라고 부르는 암호화폐로, 손으로 만져지는 실물 화폐가 없이 온라인상에서 거래되는 화폐다. 이제 돈의 개념조차도 바뀌고 있는 것이다.

이처럼 눈으로 볼 수 있고 손으로 만질 수 있는 건 점점 우리 곁에서 사라진다. 이제는 온라인 속에서 살아야 하기 때문이다. 온라인이란 정보의 전송 과정에서 인간의 개입을 필요로 하지 않는 상태다. 온라인 속에서 급기야는 몸도 거추장스러워진다. 내 실제 몸은 온라인 속으로 들어갈 수 없으니까. 그러면 우리는 캐릭터로 존재하게 되는데, 이것을 '아바타'라고 부른다.

당장 아주 가까운 시일 내에 가장 현실화될 가능성이 높은, 아니 이미 부분적으로는 현실화된 일이다. 이런 세상이 새삼스러울 건 없다. 꼭 팬데믹이 아니었다 해도 이런 세상이 곧 올 거라는 건 어느 정도 예측한 일이었다. 다만 차이가 있다면, 팬데믹이 이 모든 일을 더 빨리 앞당겼다는 것.

마주치지 않으면서도 마주치는 효과를 내는 메타버스는 오고 있는 세상이 아니라, 이미 시작된 세상이다. 메타버스 안에는 나

를 닮은 캐릭터가 살고, 메타버스 밖에는 나를 대신할 로봇이 산다. 하기 싫은 일, 귀찮은 일, 위험한 일, 어려운 일은 사실 이미 상당 부분을 로봇에게 넘겨준 상태다. 그러니까 자동으로 알아서 해주는 움직이는 기계인 로봇은, 그 자체가 자동화이고 인공지능이며 기계화인 셈이다. 팬데믹을 기점으로 로봇의 수요는 더 폭발적으로 늘어날 것으로 전망된다.

'라스트마일'은 원래 사형수가 자신의 방을 나와 사형장까지 걸어가야만 하는 거리를 뜻하는데, 지금은 상품이 소비자에게 전달되는 마지막 순간, 문 앞까지의 거리를 뜻한다. 우리는 이제 로봇의 라스트마일에 직면했다고 볼 수 있다. 로봇은 이미 우리의 문앞까지 도착했다. 우리가 만날 로봇 세상은 유토피아일까, 디스토피아일까.

로봇과 인간이 강력한 시너지를 내는 법

로봇과 함께하는 미래는 어떤 세상일까? 로봇으로 대체될 영역은 어떤 것들이 있고, 수준은 어느 정도까지 올라갈까? 우리나라는 로봇밀도와 자동화 지수가 2018년 세계 1위를 차지할 정도로 로봇 기술이 높은 수준이다.

여기에서 주목할 것은 로봇의 성격이다. 팬데믹 이전까지 대부분의 로봇은 제조업 분야에서 일했다. 우리가 흔히 말하는 '로봇

팔'이다. 그러나 팬데믹을 기점으로 이 상황은 역전되었다. 앞으로는 서비스 로봇이나 물류 로봇이 제조업에서 일하던 로봇들보다 압도적으로 더 많아질 것이다. 인공지능이 더 발전하면 의사, 교사, 변호사, 기자 같은 직업도 인공지능이 대신할 거라는 전망까지 나온다. 로봇은 우리가 상상하지 못했던 곳까지 계속 침투해 들어온다.

공학기술자 한재권 박사는 휴머노이드 로봇을 개발하고 있다. 사람처럼 얼굴과 팔다리가 있고, 사람들과 제스처와 음성으로 의사소통할 수 있으며, 사람이 갈 수 있는 곳은 다 갈 수 있는 인간형 로봇이다.

한재권 인공지능, 로봇, 자동화… 일반인들에게는 모두 비슷비슷해 보입니다. 구분하자면 자기 스스로 판단해서 결과를 내는 프로그램을 인공지능이라고 보면 되고요. 공장에서 기계가 자동으로 일을 하는 걸 볼 수 있는데, 이를 공장 자동화 기계라고 합니다.

그렇다면 인공지능 프로그램이 탑재된 상태에서, 자동으로 움직이는 기계가, 스스로 판단하며 어떠한 서비스를 제공하는 것. 이게 바로 로봇입니다. 로봇은 두 가지 개념을 갖고 있습니다. 자동으로 움직일 것, 그리고 스스로 어느 정도 판단해서 움직일 것. 이렇게 AI와 자동화를 포괄하고 있습니다.

로봇밀도는 한 사람당 사용하는 로봇을 그 나라의 인구와 비교해서 보는 것인데요, 우리나라의 로봇밀도는 상당히 높습니다. 그

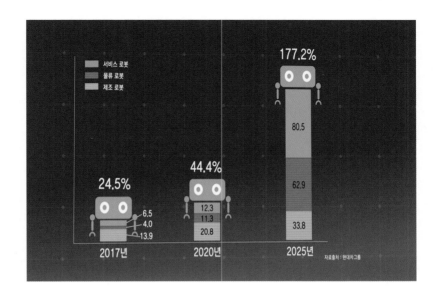

런데 이건 공장에만 해당될 뿐, 일상생활에서는 그렇지 않습니다. 대한민국이 제조업 기반의 나라이다 보니, 제조업에서 필요한 로봇들을 많이 도입해서 사용하고 있어요. 산업용 로봇 부문에서 우리나라는 세계적으로 거의 1~2등 하고 있는 나라입니다.

로봇은 제조용 로봇과 서비스용 로봇으로 나눠서 생각할 필요가 있는데요. 서비스용 로봇은 제조용 로봇에 비해서 아직 산업이 크지는 않습니다. 우리 주변에도 로봇청소기 정도만 있을 뿐, 많이 없잖아요. 중요한 건 서비스 로봇의 성장세가 굉장히 급상승하고 있다는 겁니다. 특히 팬데믹 이후로 가속이 붙었어요. 그래서 우리나라가 앞으로 어떻게 될지 저도 귀추가 주목됩니다. 지금 거의 많은 나라가 출발선상에 동일하게 놓여 있다고 봐도 무방하지 않을까 하는 생각이 들어요.

한재권 박사는 2016년 《로봇 정신》이라는 책에서 '2035년 서울에 사는 재인의 하루'라는 일종의 가상 시나리오를 소개했다. 실제로 친구의 딸인 재인이가 성인이 됐을 때 어떤 삶을 살게 될지를 생각하며 작성했다고 한다. 5년 여가 지난 지금, 한재권 교수가 생각하는 10년, 15년 후 도시는 어떤 모습이고 우리는 어떤 생활을 하게 될까?

한재권   비대면은 더욱 강해질 것이고요. 가상화와 플랫폼 그리고 인공지능 역시 더 강력해질 것입니다. 쉽게 말해 플랫폼과 가상현실, 인공지능이 결합돼서 더 강력한 정보 시스템을 만들고, 우리는 그 속에서 생활하게 되겠죠. 이를테면, 내가 아침에 일어나면 자동으로 인공지능이 오늘의 날씨나 내일 스케줄을 알려줄 거고요. 차는 자율주행차를 이용해서 출근하거나 또는 집에서 일을 할 겁니다. 상당 부분의 비즈니스가 가상현실 메타버스 속에서 이루어질 거예요. 그 속에서 나는 인공지능과 경쟁하거나 또는 인공지능을 파트너로 삼아 일하면서 살겠죠.

    사람의 일을 두 가지로 나눠봤어요. 하고 싶지 않은 일, 하고 싶은 일. 그래서 하고 싶지 않은 일을 로봇이 하는 상상을 해봤고요. 인간이 하고 싶은 일은 사람마다 다 다르겠죠. 각자 하고 싶어 하는 일에 사람들이 더 집중할 수 있는 상황을 상상해봤습니다.

그런데 2016년에 쓴 책이다 보니 한 가지 놓친 게 있는데 팬데믹을 겪으면서 사람들이 대면과 비대면에 대한 가치를 깨달았다는 점입니다. 요즘은 메타버스라고 부르는 새로운 공간에 대한 얘기가 많이 대두되고 있습니다. 가상의 공간에서 활약하는 인간들, 비대면이 더 좋은 상황에서 가상의 공간에서 인간들끼리 마주치지 않으면서도 마주치는 효과를 보며 살아가는 새로운 공간. 이건 생각하지 못했어요. 그래서 재인이가 아마도 그런 가상의 세계와 같이 살고 있지 않을까 하는 생각을 해보고 싶습니다.

좀 더 멀리 가보자. 2050년 우리가 살아갈 미래 도시의 모습은 어떨까? 유기윤 교수는 저서 《미래 사회 보고서》에서 플랫폼, 인공지능, 가상현실이라는 세 가지 재료로 미래 도시의 모습을 그렸다. 현재의 기술이 미래를 어떻게 바꾸고, 더 나아가 우리 생활을 어떻게 바꿀지 가늠해본 것이다. 그는 플랫폼과 인공지능 그리고 가상현실이 강력한 시너지효과를 낼 것이라는 예측을 내놓았다.

유기윤 미래로 가면 갈수록 많은 사람이 메타버스라고 하는 가상현실에 들어가게 될 것입니다. 그 속에서 모든 비즈니스가 일어나는데, 이때 생명체와 기계가 구분이 되지 않습니다. 다시 말해 기계가 경계 주체로서 나설 수 있다는 거죠. 세월이 갈수록 점점 더 강력한 메타버스의 플랫폼이 출현할 것이고, 사람들이 그 안에서 보내는 시간이 점점 많아지면서 비즈니스를 시작할 겁니다. 결국은 사람과 인공지능이 무한경쟁을 하며 살아가야 하는 도시가 될 것이라는, 상당히 놀랍고 충격적인 결론을 얻게 됐습니다.

AI와 직접적으로 경쟁하는 일은 사실상 시간의 문제일 뿐이지 당해낼 수가 없습니다. 따라서 AI를 경쟁의 대상으로 삼기보다는, AI를 나의 파트너로 삼아 내 역량을 강화하는 쪽으로 비즈니스 모델을 만들어야 합니다.

비대면 사회가 현실화되면서 자동화 시스템이 더 탄력을 받아 확대되고, 로봇이나 인공지능에 대한 담론도 한층 더 많아졌다. 그런데 판타지도 있지만 막연한 공포가 있는 것도 사실이다. 로봇들이 인간의 일자리를 뺏어간다는 우려 때문이다.

조금은 잔혹한 이야기, 하지만 피할 수 없는 이야기를 해야 한다. 바로 로봇에게 일자리를 빼앗긴 인간들의 이야기다. 중국의 예를 보면, 단 2년 사이에 200만 명의 노동자가 일자리를 로봇에게 넘겨야 했다. 미국도 마찬가지다. 매킨지글로벌 연구소는 2017년 11월, 2030년까지 전 세계 노동력의 5분의 1에 달하는 8억 개의 일자리가 사라질 거라고 예측했다.

또 다른 예측도 있다. 부르킹스 연구소의 2019년 1월 보고서를 보면, 향후 3,600만 개의 일자리가 인공지능에 기반한 자동화 시스템으로 대체될 것으로 전망했다. 이는 미국 전체 일자리의 4분의 1에 달한다. 그렇다면 어떤 일자리들이 사라질까?

미국 직업군별 평균 임금, 자동화·인공지능화 가능성			
직업군 분류	평균 임금	자동화·인공지능화 가능성(%)	평균 교육 수준
단순 포장 및 기계 관리 업종	$31,000	100%	대졸 미만
식음료 업종	$23,000	91%	대졸 미만
단순 서무 업종	$44,000	87%	대졸 미만
물류 업종	$35,000	78%	대졸 미만
컴퓨터 네트워크 업종	$68,000	62%	대졸 미만
의료 지원 업종	$33,000	54%	대졸 미만
소매 및 판매 업종	$27,000	47%	대졸 미만
컴퓨터 프로그래밍 업종	$85,000	38%	대졸 이상
간호 업종	$72,000	29%	대졸 이상
일반가구 청소 업종	$24,000	18%	대졸 미만
자가 의료 지원 업종	$24,000	11%	대졸 미만
소프트웨어 및 앱 개발 업종	$105,000	8%	대졸 이상
사무 관리 업종	$92,000	4%	대졸 이상
평균	$49,600	46%	

브루킹스 연구소는 2020년 1월 〈자동화 및 인공지능기술이 일자리에 미칠 영향 분석〉이라는 보고서에서 1980년부터 2016년까지 26년간 미국 일자리의 변화를 분석했다. 그 결과, 직업별·임금별 자동화 및 인공지능화 가능성을 다음과 같이 예측했다.

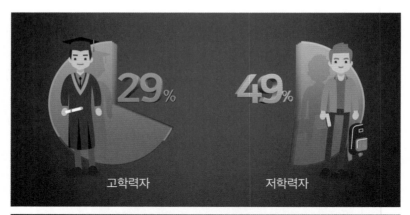

고학력자 29%　저학력자 49%

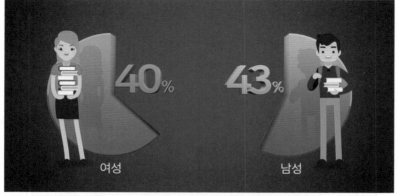

여성 40%　남성 43%

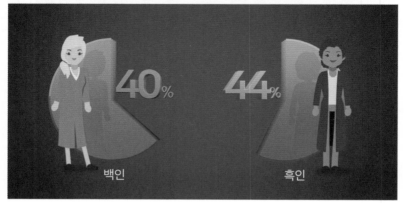

백인 40%　흑인 44%

예측했던 대로 일이 단순할수록, 임금이 낮을수록 자동화나 인공지능으로 대체될 가능성이 높다. 가령, 사무관리 업종은 대체될 가능성이 4%인 반면, 단순 포장이나 기계를 관리하는 수준의 일은 대체될 가능성이 100%에 이른다.

또한 일자리의 자동화는 세 가지 특성을 보인다. 첫째, 교육 수준이 낮을수록 자동화 가능성이 높다. 다시 말해 고학력자보다 저학력자, 대학교육을 받지 않은 노동자들의 일자리가 먼저 사라진다. 둘째, 더 작을수록, 시골 지역일수록 높은 자동화의 위험에 직면한다. 대도시보다는 소도시, 규모가 큰 사업장보다는 규모가 작은 사업장의 일자리가 먼저 사라진다는 뜻이다. 셋째, 여성보다는 남성, 백인보다는 흑인, 자국민보다는 외국인의 일자리가 더 빨리 사라진다. 그렇다면 이들은 모두 어디로 가야 할까.

지금 노동시장은 급격한 변화를 맞고 있다. 기존에 우리가 가지고 있던 일의 개념과 형태는 흔들리고 있다. 노동의 개념과 구조, 시스템을 새로 써야 하는 중요한 시점에 있는 것이다. 이제부터 우리 삶에 지대한 영향을 끼칠 이 같은 현상을 살펴보려고 한다. 그럼으로써 우리는 새로운 시대의 노동을 발견할 수 있을 것이다.

6장

플랫폼 노동의
시대가 온다

불안정한 노동자, 프레카리아트

자동화로 일자리를 잃은 이들이 모두 자동화 가능성이 낮은 지대로 들어갈 수 있다면 좋을 것이다. 그러나 일자리 시장에서는 그런 해피엔딩이 쉽게 오지 않는다. 급기야 가장 암울한 예측까지 나온다. 다음은 서울대 유기윤 교수 연구팀이 예측한 미래 도시의 사회 계급도다.

인공지능과 자동화 시스템이 점점 발전하면, 극소수의 상위그룹을 제외한 나머지, 99.99%의 사람이 '프레카리아트'로 살아갈 거

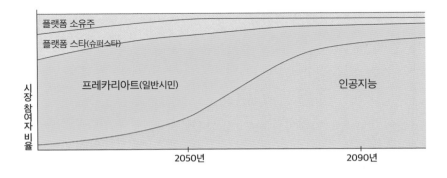

서울대 유기윤 교수 연구팀이 예측한 미래도시 사회 계급도

라는 뜻이다. 프레카리아트Precariat는 불안정하다는 뜻의 '프레카리오Precário'와 노동자를 뜻하는 '프롤레타리아Proletariat'를 합성한 용어다. 인간의 노동이 대부분 AI로 대체될 미래사회에서 임시 계약직이나 프리랜서 형태의 단순노동에 종사하며 저임금으로 근근이 살아가는 계층을 뜻한다.

유기윤　제가 계급을 네 가지로 나눴는데 사실 굉장히 극단적으로 나눈 겁니다. 간단하게 나누었지만 거시적으로 큰 그림을 보기에 좋다는 장점도 있죠. 저는 플랫폼을 중요한 요소로 삼아서 계급을 나눴는데요. 맨 상층부에는 플랫폼 소유주가 있습니다. 플랫폼을 직접 만드는 사람들 또 투자자들이 여기에 해당됩니다.

그 아래에는 플랫폼을 이용해서 거대한 비즈니스를 하는 사람들입니다. 이른바 슈퍼스타라고 부르는 사람들이죠. 예체능 천재들이나 정치 엘리트들 또 소수의 창의적인 전문가들이 이 슈퍼스타에 속합니다. 그리고 그 아래에는 우리가 보통 시민이라고 말하는 일반 대중들, 프레카리아트가 있습니다. 사람으로 치자면 일단 3개의 계급으로 크게 나눠볼 수 있고요. 이 밖에 별도의 계급이 경제활동을 하는데, 바로 기계 인공지능입니다. 이렇게 4개의 계급으로 나눌 수 있습니다.

한국인의 99.997%가 프레카리아트가 된다는 게 어떤 의미인가 하면, 100에서 그 숫자를 빼면 0.003%가 남거든요. 즉 0.001%는 플랫폼 소유주, 0.002%는 슈퍼스타가 되는 겁니다. 그 수치는 사실

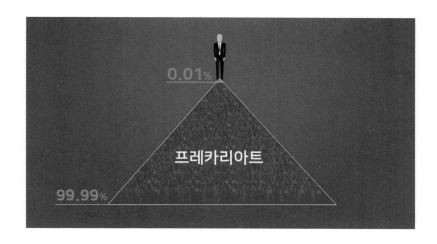

정확하게 검증한 숫자는 아닙니다. 다만 그 정도를 우리가 스타 또는 플랫폼 소유주라고 불러도 되지 않을까 해서 임의로 정한 숫자입니다. 가령 대한민국의 인구가 5,000만 명이라고 가정했을 때, 플랫폼 소유주는 500명 정도가 됩니다. 즉, 500명이 경제적으로 대한민국을 지배하는 지배 세력이라고 보는 거죠. 한 1,000명 정도가 대한민국 최상층의 슈퍼스타에 속하고, 나머지 사람들은 프레카리아트라고 생각을 한 겁니다.

프레카리아트에는 전문직 종사자부터 시작해 육체노동을 하는 사람들에 이르기까지 다양한 사람이 속합니다. 이들은 주로 플랫폼에 소속이 돼서, 플랫폼을 기반으로 노동을 하는데요. 그러다 보니 갈수록 노동이 계약직으로 바뀌게 되고, 신분이 불안정해지는 거죠. 뿐만 아니라 노동의 행위 자체도 기계의 보조행위를 점점 더 많이 하게 되면서 품질이 떨어지는 일을 경험하게 됩니다.

프레카리아트라는 말을 처음 주장한 사람은 가이 스탠딩이다. 유기윤 교수는 본인이 말했듯 달라지는 사회계층을 조금은 단순하고 극단적으로 보여주었지만, 가이 스탠딩은 1% 미만의 최상위 계급과 99%의 프레카리아트가 생겨나는 상황까지는 오지 않을 거라고 말한다. 적은 수의 샐러리아트Salariat(봉급생활자)는 유지되리라는 것. 그는 미래의 구조에서 인구의 약 20%는 경제적으로 잘 꾸려갈 것이라고 전망한다.

가이 스탠딩 지난 30년 동안, 세계의 새로운 계층이 형태를 이루어 왔습니다. 최상위에는 소수의 억만장자들이 있죠. 바로 플루토크라시Plutocracy 계층입니다. 아주 적은 수이지만, 극도로 부유한 사람들이죠. 그 아래는 엘리트Elite 계층입니다. 수백만 달러, 파운드, 유로 등을 벌어들이죠. 그 아래 계층은 샐러리아트입니다. 직업 안정과 연금, 유급 휴가, 유급 병가 등을 가진 사람들이고, 대한민국은 물론 세계적으로 줄어들고 있는 계층이에요. 옛 프롤레타리아Proletariat 계층이자 산업노동 계층으로 이들을 위해 복지가 만들어졌으나 현재는 줄어들고 있습니다.

그 아래에 늘어나고 있는 프레카리아트 계층은, 저소득의 불안정한 노동을 하는 이들입니다. 임시직의 불안정한 노동을 하죠. 수시로 변동하는 임금을 받으면서, 지속이 불가능한 부채에 기대 살고 있습니다. 또한 이들은 시민의 권리를 잃어가고 있습니다. 사회권을 잃어가고, 시민권을 잃어가고 있고, 또 경제 권리를 잃어가고 있어요. 만성적인 불안감도 느끼고 있죠. 이로 인해 이들의 일부는 큰 분노를 느끼기도 합니다.

프레카리아트 계층 중에서도 고등교육을 받은 젊은 사람들은, '파라다이스의 정치'라고 부르는 새로운 정치를 찾습니다. 자신들의 발전과 더불어 생태계, 환경의 부활을 추구하는 정치를 원하죠. 이들은 다른 생활양식을 원해요. 하지만 현재, 대부분 국가의 정치인들은 프레카리아트의 이야기에 귀 기울이지 않습니다. 그러면 제가 이야기해온 문제들은 지속해서 이어질 겁니다. 그리고 이런 사람들이 우리 앞에 놓인 정치적 선택지 중 선택을 하게 되겠죠. 저는 적은 수의 샐러리아트들이 유지되리라 봅니다. 미래의 구조에서, 인구의 20% 정도는 경제적으로 잘해내리라 생각됩니다.

팬데믹 이전에는, 관료들과 고소득 소유주들이 올라가고, 프레카리아트들은 내려가는 K의 형태였죠. 팬데믹 동안 이 형태는 더욱 커졌어요. 저는 새로운 정책이 도입되지 않는 한, 팬데믹이 종결되고 또 다른 K 형태가 나오지 않을까 우려하고 있습니다. 다시 말해, 불균형의 증가가 지속될 수 있다는 겁니다. 우리는 앱들이 전체 노동 거래의 약 40%를 차지하는 모습을 보게 될 것입니다. 이로 인해 노동시장의 본질이 뒤바뀌게 되겠죠.

플랫폼 내에서도 구조가 생겨날 거라고 봅니다. 플랫폼 경제 내에서 일부 관료들이 수십억을 벌어들이고, 누군가는 수백만을 벌며, 또 일부는 샐러리아트의 일부로서 기술 회사들을 운영하겠죠. 그리고 거대한 프레카리아트가 있을 겁니다. 이렇듯 0.01%의 최상위와 나머지가 일종의 구조를 갖추게 됩니다. 모든 직업마다 과거와는 다르게 분열된 구조를 갖는 거죠.

실제로 코로나19를 겪으며 프레카리아트가 늘어났다. 팬데믹으로 직업을 잃거나 수입이 줄어드는 사람들이 많아지면서 계층 간에 이동이 일어나기도 했다. 이들은 팬데믹과 같은 위협에 더 취약하므로 유독 심하게 고통받고 있다. 인류는 코로나19를 서서히 통제해가고 있을지 모르지만, 불균형은 통제하지 못하고 있다. 여기에 AI의 발달까지 더해 오히려 심화될 뿐이다.

가이 스탠딩 이번 팬데믹은 의심할 여지없이 프레카리아트의 규모를 증가시켰습니다. 제가 연구한 여러 국가를 보면 40% 이상의 인구가 프레카리아트 계층 근처에 자리하고 있어요. 이들 모두가 지난 한 해 소득이 줄어들었고, 일자리를 잃었으며, 깊은 부채에 빠졌습니다. 스트레스와 사회적 질병으로 고통도 받았죠.

앞으로는 샐러리아트에 속했다고 생각한 많은 사람들이 프레카리아트가 된 자신을 보게 될 겁니다. 그리고 프레카리아트 계층의 아들과 딸들이 생기겠죠. 점점 더 많은 프레카리아트들의 교육 수준이, 본인이 몸담게 될 일자리 유형보다 더 높아질 것입니다. 이로 인해 더 많은 사람이 노동시장과 사회의 기존 체계에 대해 불만을 가지리라 봅니다.

그들은 소득 재분배 체계에 변화를 요구할 겁니다. 제가 기본소득을 지지하는 이유 중 하나는, 우리에겐 변화가 반드시 필요하기 때문입니다. 현재 불균형은 통제가 안 되고 있죠. 통제 불능의 불균형이란, 우리가 축배를 들어야 할 기술 혁신 즉, AI의 발달이 불균형을 더욱 심화시키고 있으며, 점점 더 많은 사람을 불안정하게 만들고 있다는 겁니다.

현 상황은, 사회적 붕괴 없이는 지속될 수 없습니다. 그래서 저는 현재 상황을 위협과 위험으로도 보지만, 한편으로는 용기 있는 정치적, 경제적 개혁의 기회로도 보고 있습니다.

프레카리아트는 과연 새로운 시대의 키워드가 될 것인가. 인간의 노동이 AI로 대체된 사회에서, 임시 계약직·프리랜서 형태의 단순노동에 종사하며 저임금으로 근근이 살아가는 암울한 모습이 우리의 미래가 될까. N잡러, 긱워커, 멀티 프리랜서 등 이미 우리는 새로운 노동의 형태를 많이 보고 있다. 디지털 플랫폼을 기반으로 한 플랫폼 노동 역시 노동시장의 새로운 이슈로 떠오르고 있다.

플랫폼 자본주의와 노동자들

앞서 가이 스탠딩과 유기윤 교수는 플랫폼을 새로운 계급을 가르는 중요한 요소로 언급했다. 여기서 플랫폼Platform은 컴퓨터 시스템의 소프트웨어가 실행되는 환경을 뜻한다. 구글이나 아마존, 애플 등의 글로벌 기업은 자신들만의 플랫폼을 통해 강자가 되었다. 이에 유기윤 교수는 새로운 4개 계급의 최상위에 플랫폼 소유자가 있다고 했다. 그다음 계급은 플랫폼 스타라고 했는데, 그들은 기존의 스타들과 달리, 그동안 보통의 스타들이 가졌던 시장까지 가로채면서 노동시장을 양분했다. 그렇다면 플랫폼 스타는 누구이고, 그들은 노동시장에 어떤 변화를 일으킬 것인가.

유기윤　플랫폼 스타는 사실 슈퍼스타인데요. 플랫폼, 즉 미디어 플랫폼을 잘 활용했기 때문입니다. 미디어가 없었다면 그렇게 큰 시장 속에서 많은 사람에게 인지도를 높이고 많은 수익을 창출할 수 없었겠죠. 앞으로는 미디어와 인공지능을 같이 활용할 겁니다. 지금보다 더 강력한 슈퍼스타들이 전 세계에 창궐하겠죠.

단 슈퍼스타들이 몇 명이라고 딱 단정할 순 없습니다. 대한민국의 경우 1,000명 정도일 거라고 말씀드렸습니다만, 슈퍼스타를 1등이라고 치면 차하위에는 2등 스타가 있겠죠. 1등과 2등의 차이가 재능 측면에서는 간발의 차이일 수 있지만, 대중의 인지도 측면에서는 천지차이입니다. 따라서 어떤 슈퍼스타는 모든 사람이 알지만, 2등 같은 경우는 전혀 모르는 일이 발생합니다.

이들 슈퍼스타들이 대중의 인지도를 얻어 각 분야에서 활동을 하면, 2위를 비롯해 그 아래에 있는 많은 분야 종사자들이 큰 타격을 입습니다. 예를 들어 아동 판타지 소설 《해리포터》의 작가 조앤 롤링은 책이 전 세계 수억 부가 팔려서 1조 원이 넘는 돈을 벌어들였죠. 이때 전 세계의 아동 판타지 시장이 거의 붕괴됐습니다. 사람들의 구매력은 갑자기 성장하지 않거든요. 그런데 전 세계 사람들이 너도나도 해리포터만 사는 거예요. 그러다 보니 다른 아동 판타지 작가들의 작품이 팔리지 않는 거죠.

이런 현상은 비단 소설에서만 일어나는 게 아니라 디지털의 모든 영역, 음악, 패션, 영화 또는 시계나 자동차 같은 물질 재화 영역에까지 파상적으로 일어나게 됩니다. 결과적으로 슈퍼스타가 전 세계 시장을 장악하고, 대부분의 사람들은 팔 수 있는 노동이나 상품이 없는 처지로 전락하게 됩니다. 경제적으로 빈익빈 부익부가 유지될 뿐만 아니라, 오히려 가속화되는 현상이 발생할 것입니다.

플랫폼이라고 하면 기차를 기다리는 플랫폼을 떠올리는 사람이 많을 것이다. 설렘과 아쉬움이 교차하는 공간. 하지만 우리가 이야기하고 있는 플랫폼은 그런 낭만과는 거리가 멀다. 물론 이곳 역시 사람이 모인다. 대신 모인 사람들을 조종하고 관리하는 것은 컴퓨터 프로그램이다. 기차를 부르고, 그 기차에 태울 사람과 태우지 않을 사람을 정하고, 사람들을 어디로 실어 나를지, 몇 사람이나 실어 나를지를 정하는 것도 모두 프로그램이다. 그리고 기차에 탄 사람들을 우리는 '플랫폼 노동자'라고 부른다.

플랫폼 노동자란 디지털 플랫폼을 기반으로 이루어지는 노동을 말한다. 예를 들어 배달대행업, 대리운전앱, 우버 택시 등 요즘 우리가 많이 사용하는 플랫폼의 노동자들이다. 임시직, 프리랜서 계약직, 저임금, 불안정한 신분 등이 그들을 나타내는 말이다.

유기윤   플랫폼화가 진행될수록 일자리는 점점 불안정해집니다. 플랫폼이라는 게 기본적으로 프리랜서 계약직 형태로 노동을 수급하거든요. 그러다 보니까 일자리의 질은 더 떨어지고 안정감은 더 낮아집니다. 결과적으로 플랫폼 종사자들을 더 경제적 약자로 전락하게 만들죠.

AI가 노동을 통제하기 시작했습니다. 배달노동자 같은 경우에도 배달 경로나 배달 소요시간에 대해 AI의 관여를 받고 있습니다. 예전에 사람이 통제 시스템을 운영할 때는 노동이 비교적 사람 중심적이었어요. 그런데 기계가 중심이 되다 보니 사람은 기계의 일부가 되어 효율을 중시하고, 좀 더 비인간적인 노동에 종사하기 시작한 겁니다.

이건 배달노동만이 아니라 AI가 관여하는 거의 모든 비즈니스에서 일어나는 현상입니다. 가령, 자율주행 트럭이 나온다 하더라도 트럭 운전사가 직장을 잃는 것은 아닙니다. 자율주행 차량이 트럭 운전을 해도 여전히 사람이 필요합니다. 타이어가 펑크 나면 사람이 수리를 해야 하고, 상하차 작업할 때 일지를 쓰는 일은 사람이 해야 하죠.

중요한 것은 AI가 핵심적인 일을 맡고, 사람은 기계의 보조자로 전락한다는 사실입니다. 그렇게 되면 점점 노동의 질이 떨어지고, 경제적 부가가치가 낮아지기 때문에 임금도 줄어들겠죠. 기계의 부속품으로 전락해 더 어려운 환경에서 일을 할 수밖에 없습니다. 이는 의사나 변호사, 교수 같은 전문직도 다 마찬가집니다. 혁신하지 못하면 점점 더 비참한 노동을 하며 살 수밖에 없는 구조로 바뀌게 됩니다.

이를 팬데믹이 더욱 빠르게 앞당기고 있습니다. 특히 요즘은 비대면이 중요한 요소이다 보니 대면 비즈니스는 1차적으로 큰 타격을 받았죠. 사실 미래로 갈수록 기술혁신이 너무 빠르기 때문에 플랫폼화되고 일자리가 급격하게 줄어들 것이라고 주장하는 설이 다수고요. 반면 그렇지 않다, 역사적으로 산업혁명을 들여다보더라도 오히려 일자리는 늘어났다는 주장도 있습니다. 사실 일자리가 늘어나느냐, 줄어드느냐 하는 것은 그리 중요한 요소는 아닙니다. 더 중요한 건 일자리의 품질이죠. MIT에서 2019년에 일자리 관련해서 심층 연구를 하고 보고서를 내놓은 적이 있는데 거기서도 똑같은 지적을 했습니다.

물론 모든 사람이 그러한 지경으로 전락하진 않습니다. 똑똑한 기계를 끼고 혁신을 하는 사람은 오히려 더 거대한 시장을 바라보면서 대규모의 비즈니스를 할 것이며, 더 많은 부와 명예를 거머쥐게 될 것입니다. 다만 극히 일부겠죠. 이른바 슈퍼스타라고 부르는 사람들에게만 해당될 뿐, 대부분의 사람은 기계의 발달 속도를 쫓아가기 어렵습니다. 따라서 점점 더 안 좋은 경제적 환경으로 빠질 것이라 예상합니다.

팬데믹 이후 가장 수혜를 받았던 기업들은 다름 아닌 플랫폼 기업들이다. 우리나라도 카카오, 네이버, 쿠팡처럼 플랫폼 기반으로 한 기업들이 큰 수혜를 얻었는데, 이로 인해 일자리도 많이 생겼지만 고용의 불안정성도 커졌다.

플랫폼을 구축하고, 그것을 사용하는 사용자들에 의해 수익을 얻는 플랫폼 자본주의는 이미 우리 생활 깊숙이 들어와 있다.

가이 스탠딩　우선 앱과 벤처 자본에서 수많은 돈을 벌어들이고 플랫폼에 투자하고 있죠. 그리고 포식성 가격 책정을 마음대로 하며, 종래의 제품과 서비스 공급자들을 몰아내고 있습니다. 플랫폼 자본주의는 말하자면 '긱 이코노미(임시직 선호 경제)'인데, 프레카리아트의 규모를 엄청나게 확장시키고 있어요. 직접적으로는 플랫폼 경제에 끌어들이는 수많은 사람이 있고, 또 외부에도 영향을 미치고 있죠. 외부의 소득을 끌어내리고 있으니까요.

저는 플랫폼 경제의 노동자들을 세 가지 형태로 구분했습니다. 첫 번째를 '컨시어지 경제Concierge Economy'라고 불러요. 컨시어지, 하인이죠. 개인적인 서비스 형태의 활동을 하는 사람들입니다.

두 번째는 '클라우드 노동Cloud Labor'입니다. 업무를 온라인상에서 처리하며, 업무에 따라 보수를 받습니다. 이를 통해 세계적인 노동

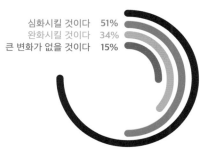

코로나19로 인한 디지털 격차의 심각성

질문: 코로나가 정보 격차 문제를 심화시킬 것이라고 생각하십니까?

심화시킬 것이다 **51%**
완화시킬 것이다 **34%**
큰 변화가 없을 것이다 **15%**

자료 출처: 한국리서치 정기조사 '여론 속의 여론'

시장이 만들어지고 있어요. 사람들이 기회를 위해 서로 경쟁을 하게 되죠. 인도에 있는 사람, 혹은 아프리카에 있는 사람, 영국에 있는 사람과 서울에 앉아서 경쟁하는 겁니다. 이는 급여를 아주 낮은 수준으로 끌어내리기 때문에 많은 사람들이 소외감과 스트레스, 불안정함을 느낍니다.

그리고 세 번째 범주가 있습니다. 점점 더 많은 사람이 '대기 상태Stand By'에 놓이게 되죠. 임시로 일을 할 수 있는 기회를 기다리는 사람들이요. 이로 인해 프레카리아트 성장의 범위가 넓어지고 있고, 노동시장의 불균형을 심화시키고 있습니다. 반면 플랫폼을 운영하는 소수의 사람은 수십억 달러를 벌어들이고 있고요. 이렇게 기술의 혁신이 현재는 통제 불능의 상태가 되었습니다. 적법한 규제와 알맞은 분배 체계가 있었다면 지금과 같지 않았겠죠. 저는 그런 기술의 진보를 막자는 게 아닙니다. 다만 수익의 더 나은 분배가 필요하며, 그로 인해 수백만 사람들의 불안정성을 덜어주어야 합니다.

플랫폼을 소유한 자, 플랫폼을 잘 이용하는 자가 상위계급을 차지한다. 새로운 기술이 나올 때마다 반복된 역사다. 이런 계급사회에서 살아남으려면 어떻게 해야 할까? 시대의 흐름을 거스를 수 없다면 그 흐름에 재빨리 올라타야 한다. 유기윤 교수는 플랫폼에 빨리 적응해야 할 뿐 아니라 더 나아가 개인이 스스로 플랫폼화해야 한다고 강조한다.

유기윤 '개인이 플랫폼화한다'는 의미는, 개인의 플랫폼이 가지고 있는 여러 가지 형태, 즉 센서나 네트워크 같은 요소를 정보 시스템에 활용해 비즈니스를 하는 겁니다.

또 서로 협력해서 많은 플랫폼을 만들어야 합니다. 플랫폼으로 포화된 경제생태계를 만드는 거죠. 지금처럼 거대 자본이나 일부 특출난 IT 인력들이 주도하는 플랫폼화에 의존하게 된다면, 모든 부문에서 거대한 플랫폼이 지배하는 사회가 될 것이고요. 그렇게 되면 빈익빈 부익부는 돌이킬 수 없는 상황으로 치닫게 됩니다.

디지털 빈부격차를 극복하려면 사람들이 디지털 시대에 맞는 지식, 특히 IT 지식을 빨리 습득해야 합니다. 개인뿐만 아니라 소규모 집단들 역시 서둘러 플랫폼화해서 비즈니스를 시작해야 합니다. 그것만이 살길입니다.

인류 역사에서 새로운 기술이 등장할 때마다 사람들의 불안과 두려움은 늘 있어 왔다. '러다이트Luddite'라는 말을 들어보았는가. 영국의 노동자들이 벌인 반자본주의 운동, 다른 말로 기계 파괴운동을 '러다이트 운동'이라고 한다. 그리고 그 운동을 이끈 사람들을 러다이트라고 불렀다. 19세기 초반, 산업혁명으로 기계가 도입되고 이로 인해 대량생산이 가능해지자, 숙련공들의 일자리가 사라졌다. 공장은 그들을 밀어낸 뒤 비숙련공을 대거 유입하고, 노동자의 임금은 계속 하락했다.

그러자 노동자들은 기계를 파괴하기 시작했다. 그들은 자신들이 만들던 캘리코 드레스를 입고 투쟁했다. 러다이트들은 공장을 습격하고 불을 지르기도 했다. 원칙은 있었다. 사람을 상대로 한

폭력은 행사하지 않는다는 것. 오직 기계만을 파괴했다. 기계와 인간의 대립. 노동자의 적은 기계였다.

그리고 여기 또 하나의 거대한 기계가 있다. 프랑켄슈타인. 19세기 초반, 작가 메리 셸리는 미래의 기계문명을 프랑켄슈타인으로 상징했다. 그것은 바로 공포다. 그녀가 바라본 미래는, 괴물이 된 기계가 지배하는 세상이었던 것이다. 영국에서 소설 《프랑켄슈타인》이 발표된 때는 1818년. 그리고 러다이트 운동이 일어난 때는 1811년에서 1816년 사이로, 시기가 일치한다. 영국의 메리 셸리는 러다이트 운동이 끝나가는 시점에 이 소설을 쓴 것이다.

우리는 다시 한번 기술의 공포 앞에 있다. 그러나 이 기회를 잘 활용하면 인류는 더 높은 삶의 질을 누리게 될지도 모른다. 분명 희망은 있다.

모라벡의 역설

자동화와 인공지능에 밀려 일자리를 잃게 될 수많은 이들이 노동시장 밖에서 서성인다. 경쟁은 일상이 되고 노동자의 적은 노동자가 된다. 방법은 단 하나뿐이다. 전체 일자리의 비율에서 자동화 가능성이 낮은 영역을 넓히는 것. 이게 가능해지려면 새로운 일자리가 그만큼 많아져야 한다는 뜻이다.

다들 일자리가 사라질 것이라고 말한다. 그 말은 사실일까? 기

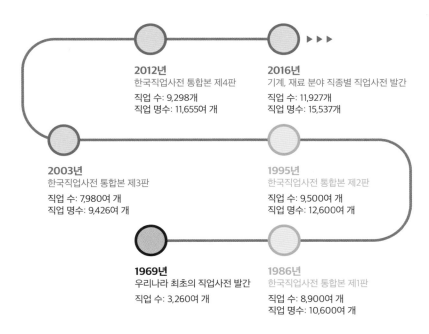

한국직업사전으로 본 우리나라 직업 수의 변화

2012년
한국직업사전 통합본 제4판
직업 수: 9,298개
직업 명수: 11,655여 개

2016년
기계, 재료 분야 직종별 직업사전 발간
직업 수: 11,927개
직업 명수: 15,537개

2003년
한국직업사전 통합본 제3판
직업 수: 7,9800여 개
직업 명수: 9,426여 개

1995년
한국직업사전 통합본 제2판
직업 수: 9,500여 개
직업 명수: 12,600여 개

1969년
우리나라 최초의 직업사전 발간
직업 수: 3,260여 개

1986년
한국직업사전 통합본 제1판
직업 수: 8,900여 개
직업 명수: 10,600여 개

※ 직업 수는 한국직업사전에서 본 직업과 관련 직업을 합한 것이며, 직업 명수는 본 직업, 관련 직업, 유사 직업을 모두 합한 수치다.

계화와 자동화는 금세기만의 일일까? 우선 통계를 보면, 그 말은 사실이 아니다. 일자리는 계속해서 기계화되고 자동화돼 왔지만, 바로 그 자리에서 일자리는 또 생겨난다. 다행인 것은, 사라지는 일자리보다 생겨나는 일자리가 더 많다는 사실이다.

문용식 원장은 앞으로 일자리가 늘어날 것이라고 전망한다. 그의 말에 따르면, 이제 우리는 오전 9시부터 오후 6시까지 일하는 정규직 일자리뿐 아니라 플랫폼 노동의 다른 이름인 '긱 워커Gig Worker'와 '클라우드 워커Cloud Worker' 같은 말을 더 많이 듣게 될 것이다. 클라우드 워커는 모바일과 연계된 클라우드 서비스를 활용해 시간과 장소에 구애받지 않고 업무를 보는 사람이다.

문용식　새롭게 만들어진 일자리의 형태 즉, 클라우드 워커는 이제 거스를 수 없는 대세라고 생각합니다. 중요한 것은 그런 일자리들이 만들어지더라도 사회안전망이 튼튼해야겠죠. 노동권을 어떻게 보호할 것이냐, 실업수당은 어떻게 설계할 것이냐, 4대보험을 어떻게 적용할 것이냐, 하는 문제를 국가가 서둘러 준비해야 합니다. 그래야 플랫폼 노동이 전면화되더라도 최소한의 인간적인 생활을 영위할 수 있습니다.

또한 디지털 전환과 4차 산업혁명이 급속화하면 디지털 영역에서 많은 일자리가 생겨납니다. IT 기업은 IT 기업대로, 전통기업은 전통기업대로 개발자가 필요해집니다. 전통기업에서 디지털 전환을 해야 되는데 그 일을 결국은 IT 개발자나 프로그래머, 데이터 분석가가 해야 하니까요. 급속하게 수요는 늘어나는데 사람 공급은 부족해서 개발자 대란이 지금 벌어지고 있거든요. 여기에 국가적으로 더 집중해서 준비해야 합니다.

산업혁명을 바라보던 상반된 시선이 있었다. 《프랑켄슈타인》을 쓴 메리 셸리의 시선대로 기계가 지배하는 세상을 괴물의 시대라고 말할 사람도 있을 것이다. 그러나 노동자의 권리라는 측면에서만 보자면 지난 시대가 꼭 그렇게 괴물의 시대였던 것만은 아니다. 기계화 과정을 거치며 노동자의 작업환경은 18세기, 19세기와는 비교도 할 수 없을 정도로 향상되었다. 세상은 그렇게 비극과 희극이 공존하며 흘러왔다. 이제 4차 산업혁명의 시대. 거대한 변화는 이미 시작됐고, 우리는 어디로든 첫발을 내디뎌야만 한다. 그리고 우리가 어디로 가든, 우리 곁에는 로봇이 서 있을 것이다.

한재권 인간의 일자리가 사라진다는 말에 대해서 저는 반은 맞고 반은 틀리다고 생각하는데요. 왜냐하면 로봇들이 못 하는 일이 굉장히 많기 때문입니다. '모라벡의 역설'이라는 말이 있어요. 로봇이 못 하는 일은 인간이 잘하고, 반대로 인간이 못 하는 일은 로봇이 잘한다는 말인데요. 이렇게 두 존재가 잘하는 일이 극명하게 다릅니다. 로봇을 연구하는 분들은 다 이해하실 거예요. 로봇을 개발하다 보면 '어, 이걸 왜 못하지?' 싶은 것도 있고, 반면에 '어, 이건 너무 잘하네?' 하는 지점이 있기도 해요. 이처럼 역설적인 상황을 보게 되거든요. 그렇다는 얘기는 로봇이 못 하는 일을 인간들이 해줄 수밖에 없다는 말입니다. 제가 보는 로봇 세상은 로봇이 인간을 모두 대체하는 세상이 아니라, 로봇과 인간이 공존하면서 서로가 잘하는 일을 보완하는 관계로 발전한 세상입니다.

로봇이 못하는 건 감정적이고, 즉흥적이고, 창의력 넘치는 일입니다. 뭔가를 직관적으로 빠르게 판단해서 해내야 하는 작업을 못합니다. 인공지능이 급격히 발달해서 걱정된다는 우려를 자주 하는데, 인공지능은 여태까지 쌓아왔던 데이터를 기반으로 앞으로 어떤 일이 벌어질지를 예측하는 도구입니다. 즉, 인간처럼 겪어보지 못한 일을 직관적으로 처리하기는 어려워요. 따라서 인간의 직관적인 영역과 로봇의 노동력이 함께 결합되는 세상이 우리가 볼 미래가 아닐까 싶어요.

모라벡의 역설Moravec's Paradox은 인간에게 쉬운 것은 컴퓨터에게 어렵고, 반대로 인간에게 어려운 것은 컴퓨터에게 쉽다는 역설을 뜻한다. 1970년대에 미국의 로봇공학자인 한스 모라벡Hans Moravec이 "어려운 일은 쉽고, 쉬운 일은 어렵다Hard problems are easy and easy problems are hard"라고 말한 것에서 유래했다. 한재권 박사는 이런 표현을 빗대어 로봇과 인간의 능력 차이를 설명한 것이다. 바로 여기에서부터 이야기를 시작해보자. 수바라오 캄밤파티는 현재 AI 기술의 특징을 두 가지로 설명한다.

수바라오 캄밤파티　현재 AI 기술에는 두 가지 측면이 있는데요, 하나는, 지능이 깊지만 좁습니다. 그러니까 특정 임무는 인간에 비해 잘 수행할 수 있습니다. 바둑 세계챔피언을 아시죠, 알파고가 대한민국의 이세돌 9단을 이겼잖아요. 이것이 깊지만, 좁은 지능의 좋은 예시입니다. 알파고는 이미 우리보다 훨씬 더 뛰어납니다. 단, 바둑에서만요. 갑자기 화재경보기가 울려도 방에서 나오지 않고 그저 최고의 수만 생각하고 있겠죠. 이렇게 아주 좁고 1차원적인 지능만 갖췄다는 거예요. 다른 한 가지는 얕고 넓은 지능입니다. 얕지만, 또 많은 임무를 수행할 수 있어요. 최근에 개발된 GPT-3 기술이 그 예죠. 이 기술은 자연적인 언어 완성 시스템인데요, 실제로 문장을 주고 여러 에세이를 완성하라고 하면, 그중 몇몇은 상당히 인상적이고 만족스럽습니다. 하지만 아주 얕아요. 현재 인류에게는 넓고 깊은 인공지능이 없습니다.

　게다가 AI 시스템은, 인간만큼 소통에 능하지 않습니다. 우리는 서로 이야기를 할 때 사회적인 요소를 포함시킵니다. 상대방이 어떤 생각을 하고 있을지 추측하고, 그것을 대화에 이용해 상대와 교류하죠. 필요할 때는 도움이 되어주지만 필요치 않다고 느낄 때는 비켜주기도 합니다. 초등학생도 당연히 갖고 있는 이 능력이 AI에게는 없습니다. 이 문제는 시간이 걸릴 겁니다.

그럼 두 개의 지능을 합친다면 완벽해지지 않을까. 깊으면서도 넓은 지능. 인공지능에게는 존재하지 않는, 넓으면서도 깊은 지능. 여기가 인간의 노동이 들어갈 틈새인 것이다. 로봇의 위협을 우리가 조금 과장되게 받아들이고 있는 것은 아닐까? 로봇이 세상을 지배하는 공상과학 영화나 다소 자극적인 예측들도 영향을 끼쳤을지 모른다. 그러나 가장 근본적인 원인은 모르는 것, 경험해보지 않은 것에 대한 우리의 공포다.

한재권 기술 포비아는 요약을 하자면 모르는 것에 대한 공포입니다. 앞으로 다가오는 게 무엇일지 모른다는 공포. 너무 당연한 현상이죠. 하지만 그 모르는 것을 알게 되면, 다음번에는 그것을 이용하게 됩니다. 모를 때의 공포는 알고 나면 이용할 수 있는 도구가 되거든요.

지금 AI가 보여주는 장면들이 나의 일을 빼앗을 것처럼 보이는 게 굉장히 많습니다. 하지만 좀 더 구체적으로 바라보면, 인간이 하고 있는 일을 전부 AI가 대체하는 게 아니에요. 특정한 기능을 대체할 뿐이며, 그 기능을 가지고 일하는 형태로 발전할 겁니다. 예를 들어 '앞으로는 AI가 의사와 변호사의 일을 다 대체할 것이므로 이 직업은 사라질 것이다'라는 말을 자주 하는데요. AI가 의사나 변호사가 하는 일의 일부를 대체할 순 있습니다. 법전 해석

하고 판례를 분석하는 일은 AI가 더 잘하겠죠. 하지만 변호사가 의뢰인과 서로 눈을 마주쳐가면서, 그 사람의 감정을 느끼면서 상담해주는 과정을 AI가 얼마나 잘할 수 있을까요? 이처럼 인간이 하는 일을 자세히 보면, 모든 걸 AI가 다 대체할 수는 없어요. 다만 AI 기술에 대한 이해도를 높이면 오히려 이 상황을 본인에게 유리하게 만들 수 있습니다. '이 부분이 너무 힘들었는데 AI가 해주면 간단해지는구나', '이 부분은 AI나 로봇이 못 할 것 같으니 나는 여기에 더 집중하면 되겠구나' 하는 식으로 AI와 로봇을 이용하는 겁니다.

기술이 계속 진보하지 않았다면 여전히 은행에서는 주판을 갖고 계산을 했겠죠. 그런데 지금은 컴퓨터 프로그램으로 쉽게 계산하잖아요. 주판이 사라졌다고 해서 계산하는 사람들이 사라지는 게 아니에요. 계산하는 도구를 잘 이용해서 능력을 향상하는 것이죠. 기술을 어떻게 이용할지만 알면, 직업을 잃는 게 아니라 오히려 업그레이드할 수 있는 길이 보입니다. 그것을 우리는 '4차 산업혁명'이라고 부릅니다.

우리가 살아온 역사의 패턴을 믿는다면, 분명 사라지는 일자리만큼 또 다른 일자리가 생겨날 것이다. 아니 더 정확하게 말하자면, 생겨나도록 만들어야 한다. 사라지는 일자리의 노동자를 새로 생겨나는 일자리로 옮기는 '노동자 옮기기'가 필요하다. 한재권 박사는 로봇으로 인해 사람은 더 가치 있고 즐거운 일로 옮겨 갈 수 있다고 말한다. 그게 우리가 바라는 이상향이기도 하다.

한재권　일단 제가 상상하는 로봇 세상을 말씀드리면, 로봇이라는 기계는 인간의 노동력을 대체할 수 있는 능력이 있습니다. 그러다 보니까 인간이 자기가 하기 싫은 일, 귀찮은 일 또는 위험한 일, 어려운 일 등을 로봇에게 넘겨줄 가능성이 높습니다. 집 안에서도 설거지하기 싫은데 로봇이 있으면 '네가 한번 해봐', 이렇게 자연스럽게 이루어질 수 있거든요. 우리가 인간으로서 하고 싶은 일, 해야 할 가치가 있는 일들을 위주로 하도록 움직일 가능성이 높지 않을까 하는 상상을 하고 있습니다. 한 가지 다행스러운 일은, 시간이라는 게 있다는 겁니다. 우리는 내일 바로 로봇을 받아들이지 않을 겁니다. 우리는 로봇 기술이 점점 발전해나가는 것을 볼 거고요. 발전해나가는 속도와 함께 새로운 세대가 진입하게 되고, 또 은퇴하는 분들이 생겨날 겁니다. 그렇게 세대가 바뀌면서 기술의 발전과 함께 인간의 일 자체가 자연스럽게 바뀌는 게 인류 역사가 우리에게 보여준 증거입니다.

　모든 기술에는 부작용이 발생합니다. 부작용은 해보기 전에는 알 수가 없어요. 시범사업을 해보고 결과가 좋지 않으면 그다음은 무엇을 바꿔야 할지, 인간이 목소리를 내는 겁니다. 우리는 그것을 법, 여론 혹은 문화라고 부릅니다. 인간이 가진 최고의 무기는 인간들끼리 만드는 연대와 약속의 힘입니다. 그렇기 때문에 AI의 부작용에 대해 연대해서 목소리를 내는 행동이 필요합니다. 자동차도, 컴퓨터도, 인터넷도, 스마트폰도 시작했을 때는 부작용이 나왔습니다. 하지만 우리는 그것을 법이나 제도나 문화로 극복하며 문명을 만들어나갔습니다. 로봇에도 그게 필요합니다. 로봇과 AI를 기술로 이기려고 하지 말고 문화로 이기려고 해야 합니다.

변화는 하루아침에 이루어지는 게 아니다. 그러므로 한재권 박사는 너무 현재를 기준으로 생각하지 않았으면 좋겠다고 강조했다. 더 중요한 것은 우리 다음 세대에게 어떤 교육을 할지 고민하는 게 아닐까. 다음 세대가 새로운 세상을 잘 살아갈 수 있도록 우리가 지금 할 수 있는 일에 집중하는 것. 이것이 결국 건강한 사회를 만들어가는 길이다. 이택광 교수 역시 기술 발전의 긍정적인 면도 있기에 연착륙을 위한 사회적 대응이 무엇보다 중요하다고 말한다.

이택광   코로나 팬데믹은 이전에 우리가 4차 산업혁명이라고 불러왔던 기술 변환 또는 여러 가지 산업구조의 전환을 촉진했다고 보면 됩니다. 이전에는 막연하게 하나의 담론으로서 4차 산업혁명이 오고 있다고 했는데, 그것이 코로나 팬데믹에 의해서 앞당겨지게 된 거죠. 그래서 사실 자동화 문제는 인간을 노동에서 배제하고, 실질적으로 인간이 노동에서 해방된다는 진보적인 측면도 있어요. 인간이 노동을 하지 않고 여가시간을 즐기고, 문화·예술을 더 많이 향유할 수 있는 시대가 온다면 좋겠죠. 하지만 이게 궁극적으로 일자리를 감소시키고, 우리가 알고 있는 전통적인 직업의 개념을 바꿀 가능성이 큽니다. 그랬을 경우에 어떻게 연착륙할 것인지 국가정책을 마련해야 하는 거죠.

우리가 뉴노멀이라는 말을 할 수밖에 없는 이유가, 바로 지금이 기존에 있던 노동이나 직업 또는 삶의 방식에 대한 새로운 관점이 정립돼야 하는 시점이기 때문입니다. 그렇지 않고 단순히 팬데믹 이전의 시대로 돌아가자고 한다든가, 팬데믹 이전의 세계를 다시 실현하고자 한다면 더 많은 고통을 초래할 가능성이 크죠.

전문가들의 말에 따르면, 이제 산업구조의 전환과 노동시장의 변화는 불가피해 보인다. 더 많은 일이 자동화가 되면서 일자리가 줄어드는 것을 '기술적 실업'이라고 한다. 이는 분명 사람들의 걱정거리다. 일의 기계화는 오랫동안 진행되어 왔지만, AI 기술로 인해 그 속도가 빨라졌다. 이미 수많은 학자가 기술적 실업으로 인한 영향을 연구하고 있다. 그 연구들을 바탕으로 수바라오 캄밤파티는 한 가지 흥미로운 사실을 지적한다.

수바라오 캄밤파티 연구결과 흥미로운 점은, 화이트칼라 직업들이 블루칼라 일자리보다 더 많이 자동화가 된다는 겁니다. 이 결과는 인간의 노력 중 어디에 더 가치를 둘 것인가 하는 문제와 연결됩니다. 예를 들어, 격리 중인 노인들을 24시간 매일 보살피는 사람들에게 그리 많은 보상을 해주지 않습니다. 누구나 할 수 있는 일이라고요. 하지만 그 외 모든 일을 기계가 대신해줄 수 있다면, 즉 인간이 할 수 있는 유일한 일이 인간 대 인간의 접촉이라고 한다면, 이런 일자리들의 보상이 더 나아질 것이고, 우리 사회 속의 가치가 좀 더 향상될 수 있겠죠. 준법률가Paralegal라는 일이 있죠. 로스쿨을 졸업한 사람들이 법원에서 활용할 수 있는 관련 사례들을 정리하는 일이요. 이미 기계가 그중 많은 부분을 해주고 있습니다. 엑스레이 판독 같은 방사선과의 일도 마찬가지죠. 엑스레이를 읽기 위해 의사들은 엄청난 훈련을 거쳐야 합니다. 좁은 영역에서, 이제는 시스템을 통해 엑스레이 스캔을 보고 감염병의 존재 가능성을 알아볼 수 있습니다. 기계가 인간보다 더 잘 해내고 있죠. 그리고 이런 일들이 실제 영향을 받게 될 직업들입니다.

우리가 당연하게 가진 능력들, 일상적인 수동의 노동들, 인간이 해온 일들은 쉽게 자동화되지 않을 겁니다. 최소한 AI로는 대체되지 않을 거예요. 우리는 자율주행이 이루어지면, 운전을 직업으로 둔 사람들이 일자리를 잃을 거라고 하지만, 예상보다 더 오랜 시간이 걸리고 있습니다. 어려움이 있으니까요. 운전이 어려운 것이 아닙니다. 보행자나 다른 운전자처럼, 사람의 행동이 예측이 안 된다는 점이 어려운 거죠. 수많은 공장의 자동화가 블루칼라 직업에 영향을 주었습니다. 앞으로 AI 기술이 그만큼의 큰 영향을 미칠 분야는 화이트칼라 직업이 될 겁니다. 우리가 어떻게 대처해갈지를 지켜보는 것도 흥미로운 일이 되겠네요.

우리가 '일'로 높이 쳐주고 높은 보수를 지급하던 일은 자동화되고, 너무 당연하게 해서 일로 취급하지 않던 일은 오히려 자동화되기 어려운 역설. AI의 발달은 이처럼 흥미로운 지점을 보이고 있다. 바로 이 지점에서 노동에 관한 그동안의 관념이 바뀌게 될 것이다. 이전에는 '일'로 보지 않았던 일이 그 중요성을 인정받게 될 수 있다.

필수노동자, AI가 대체할 수 없는 노동의 가치

현재 노동시장은 급격하게 변화하고 있다. '일자리'라는 이전의 개념도 바뀌고 있다. 점점 더 많은 사람이 복수의 활동을 하게 될 것이고, 우리가 일과 노동을 보는 시각도 달라질 것이다. 우리가 팬데믹에서 배운 점 중 하나는 분명 이미 알고 있던 것이고 수년 동안 이야기해왔던 것이다. 바로 보살핌(돌봄)의 가치다.

여기에 또 하나, 팬데믹으로 인해 등장한 개념 '필수노동자'다. 우리의 생명과 안전을 위해, 그리고 사회기능 유지를 위해 핵심적인 서비스를 제공하는 노동자를 뜻한다. 예를 들어 팬데믹에서 특히 중요했던 보건, 의료나 돌봄 종사자, 배달업 종사자 등이 여기에 속한다. 물류, 제조, 통신 등의 영역에서 일하는 대면 노동자나 환경미화원도 마찬가지다.

가이 스탠딩　팬데믹으로부터 배운 중요한 한 가지를 꼽자면, 우리 사회에서 가장 가치 있는 일은, 보살핌Care의 직업이라는 점입니다. 대부분 여성들이 해온 일이죠. 각종 통계와 경제 교과서, 노동정책에서는 보살핌의 일을 알아주지 않죠. 이를 '일'로 보지 않습니다. 플랫폼 즉, 온라인 노동을 통해 일어나는 변화는, 보살핌 분야에 속한 사람들이 엄청나게 많은 일을 하고 있음에도 인정받지 못한다는 사실을 깨닫기 시작했다는 겁니다.

　필수노동자라는 멋진 개념은, 하나의 시작이라고 생각해요. 가장 필수적인 노동이 바로 보살핌이라는 걸 알게 되었으니까요. 우리가 사랑하는 사람들을 보살피고, 우리의 공동체를 보살피며, 우리의 사회를 보살피는 일이죠. 대부분의 돌봄 노동자들은 일자리나 노동력으로 분류되지 않습니다. 그만큼 주목받지 못했고, 또 영웅이었던 사람들이 너무나 적은 급여를 받거나, 전혀 급여를 받지 못했어요. 저는 지금이 바로 우리의 복지체계를 바꾸어서, 필수노동자들의 현실을 개선할 때라고 생각합니다.

가정에서 하는 일을 생각해보자. 우리에겐 특별할 게 없는 아주 일상적인 일이다. 음식을 만들고 주방을 관리한다. 가족의 옷을 준비하고 갈무리한다. 집 안의 물건을 정리하고 편안한 공간을 만든다. 무엇보다 중요한 것은 도움이 필요한 가족을 돌보는 일. 주로 집안의 여성이 담당했던 일이다. 그러나 이 일은 잘 보이지 않았다. 외출을 마치고 돌아온 가족들이 보는 건 요리가 끝난 식탁, 세탁이 끝난 옷, 깨끗하게 정리된 방, 보살핌을 받은 가족의 얼굴뿐이다. 그런데 팬데믹이 오자, 그동안에는 보이지 않던 이 일들이 갑자기 온 세상에 드러나기 시작했다.

장하준 이번에 팬데믹 사태를 맞아 영국에서는 키 워커Key Worker라고 불리는 주축 노동자, 미국에서는 에센셜 인플루언서Essential Influencer, 즉 필수직원이라는 뜻의 필수노동자 개념이 나오기 시작했어요. 이런 개념은 사실, 지금의 세계를 지배하고 있는 시장주의 경제이론에서는 말이 안 되는 겁니다. 시장주의가 강조하는 것은 무엇이 더 중요하고 덜 중요하다는 식이 아니라 시장에 맡겼을 때 돈을 많이 받는 사람이 가치 있고, 돈을 많이 받는 물건이 가치 있다는 거예요. 돈을 못 받는 사람은 그만큼 사회에서 쓸모가 없는 것 아니냐는 식이죠. 그런데 만약 시장주의대로 돈 많이 버는 사람이 더 중요한 사람이라고 했으면 어떻게 됐을까요? 밥도 못 먹고 병원도 없고 양로원도 없고 애들 교육도 못 받고… 살 수가 없었겠죠. 현재 필수노동자라고 구별되는 사람들이 의사를 제외하면 대부분 저임노동자란 말이에요. 팬데믹 상황에서 가장 필요한 사람들이 제일 대우를 못 받는 역설적인 상황이 생겼습니다. 그래서 이번에 '아, 시장주의의 한계가 바로 이런 거구나' 하고 느끼게 된 거죠.

저는 시장을 없애야 한다는 얘기를 하는 게 아니라 시장의 한계를 얘기하는 겁니다. 사회적 필요성과 바람직한 사회상을 위해 필요한 노동의 형태와 시장의 힘이 조화가 되어야 합니다. 지금은 너무 한쪽으로 쏠려 있죠. 중간 지점이 분명 있습니다. 물론 나라마다 가치관도 문화도 다르니 그것을 딱 한 지점으로 정할 순 없지만요. 기본적으로 시장원리를 존중하되, 우리가 만들고 싶은 사회상에 걸림돌이 된다면 규제도 하면서 조화를 이뤄야 합니다. 이번 일을 계기로 지나친 시장주의에 대한 재고가 꼭 이루어져야 한다고 봅니다.

그들이 없었다면 세상은 어떻게 됐을까. 팬데믹이 우리에게 안겨준 가장 중요한 변화. 노동으로 여기지도 않았던 노동의 재발견. 로봇이 가장 어려워한다는 그 일, 그러나 인간에겐 꼭 필요한 필수노동. 세상의 모든 노동이 멈춘 순간 오직 그 노동들만이 세상을 움직였다. 로봇이 가장 어려워한다는 일. 살려면 꼭 필요한 일인데 그동안에는 잘 보이지도 않았던 노동. 그래서 심지어는 노동으로 인정하지도 않았던 허드렛일. 그런데 이 노동이 우리를 살렸다. 이제 정책으로 이들을 보호해야 하지 않을까?

팬데믹으로 인해 봉쇄와 사회적 거리두기가 장기화되면서 우리 삶에서 없어서는 안 되는 노동자들을 우리는 필수노동자라고 불렀다. 하지만 그 중요성에 합당한 처우를 받지 못하고 있는 것이 현실이다. 근로자로 인정받지 못해 노동법의 보호를 받지 못하거나 최소한의 노동환경도 제공받지 못하는 필수노동자가 부지기수다. 게다가 이 같은 사회적 불평등과 부의 양극화는 팬데믹을 계기로 더욱 심화됐다.

7장

코로나19로 깊어진
양극화와 불평등

디지털 격차와 소득 불평등

앞서 우리는 플랫폼을 기반으로 변화하는 노동시장을 살펴보았다. 플랫폼을 중심으로 계급이 나뉘고, 플랫폼을 잘 이용하느냐 아니냐에 따라 부의 양극화도 생길 것이다. 빈익빈 부익부, 팬데믹으로 인해 더욱 피부에 와 닿게 된 현상이다. 이는 국가적으로도 마찬가지다. 부자인 나라는 더 부자가 되고 가난한 나라는 더 가난해진다. 자크 아탈리는 세계에는 여전히 절대 빈곤층이 존재한다는 점을 상기시킨다.

자크 아탈리 대한민국, 프랑스도 마찬가지로 정부가 세금을 올리고 세금의 일부를 빈곤층을 위해 사용하고 있습니다. 부자들의 세금 징수를 올려서 빈곤층에게 분배합니다. 그런데 전 세계 차원에서의 세금은 없습니다. 그렇기 때문에 가난한 사람도 없는 것처럼 보이죠.

어떤 사람들은 절대 빈곤층을 없애려고 하고 있습니다. 절대 빈곤 계층은 전 세계적으로 감소 추세이긴 한데, 그나마 다행인 일입니다. 하지만 부자들은 여전히 부자이고 가난한 사람들은 여전히

가난합니다. 조사에 따르면 20억 인구가 깨끗한 물을 소비할 수 없
는 절박한 상황입니다. 향후 이 수치는 점차 높아질 수 있어요.

저는 항상 시민 사회를 세 가지 항목으로 분류할 수 있다고 얘
기해왔는데요. 부자들이 계속해서 잘살고 여행 다니고 실물 자
산 등을 마음껏 접촉할 수 있는 '초 노마드hypernomad', 의식주에
따라 어쩔 수 없이 이동하는 30억~40억 인구의 '빈곤층 노마드
poornomad', 마지막으로 고위층 노마드를 열망하고 올라가려고 하면
서 동시에, 빈곤층 노마드로 추락할까 봐 전전긍긍하는 중산층이
있습니다. 여러분도 이 세 그룹 중 하나에 속할 겁니다.

경제적 불평등은 사회에, 그리고 세계에 어떤 영향을 미칠까?
리처드 윌킨슨은 일부 계층의 불평등이 결국엔 사회 전체에 영향
을 미친다고 말한다. 가난으로 인해 폭력성이 커지고, 사회 밑바닥
의 문제들은 불평등이 클수록 심화된다. 이로 인한 폭력성이 다른
계층에 영향을 끼칠 뿐 아니라 사회적 비용도 커진다.

리처드 윌킨슨 수많은 연구 논문에 근거했을 때 분명한 점은, 불평
등의 피해는 엄청나다는 겁니다. 불평등과 관련된 최고의 연구 중
하나는 살인율이었어요. 미국의 주들과 캐나다의 자치구들을 보
면, 살인율 차이가 10배에 달하는 곳도 있어요. 불평등은 비슷비슷
한 곳들인데도요. 이런 패턴은 전 세계에서 반복적으로 나타났습
니다. 국제적으로도, 국내 규모로도, 이 둘의 관계는 심한 반비례를

나타냈어요.

불평등이 계급 지위를 더욱 중요하게 만들고, 사람들이 내려다보이는 느낌이나 굴욕, 무시를 당하는 느낌을 받을 때 폭력이 유발되죠. 물질적 환경에 비춰 봤을 때, 다른 사람의 관계에서 자신의 위치를 어떻게 보는가. 실패자라는 느낌, 아래에 있다는 느낌, 부끄러움, 가치를 인정받지 못하는 느낌. 그것이 불평등이 주는 피해의 핵심입니다. 이런 느낌으로 인해 싸움과 분쟁이 시작되는 경우가 가장 많았어요.

그뿐 아니라 감옥에 있는 사람도 많습니다. 불평등이 심한 나라의 교도소 인구가 훨씬 더 많아요. 범죄 발생률은 부분적인 이유일 뿐, 주된 이유는 처벌 판결 때문입니다. 불평등이 심한 나라에서는 사람들이 더 오랜 기간 징역에 처해져요. 비용이 많이 드는 일이죠. 일부 미국의 주 중에는 고등교육보다 더 많은 예산을 수감에 사용하는 곳들도 있었어요.

또한 공동체의 약화도 확인할 수 있습니다. 가난한 사람들은 이웃과 함께 어울리길 더 꺼리고, 이웃을 잘 만나지 않고, 자원봉사 일도 잘 하지 않는 등의 현상이 일어나죠. 행복에 관한 연구들을 보면, 사회적 관계는 행복의 중요한 핵심 중 하나입니다. 공동체 생활에 속해 있는지 여부가 중요하죠.

근본적으로 불평등한 국가에서 보이는 패턴은, 사회 밑바닥에서 심화한 모든 문제가 불평등이 더 클수록 더욱 심해진다는 것입니다. 사회의 계층 구조를 통틀어서, 불평등은 밑바닥에서 가장 큰 차이를 가져오지만, 최상위층에도 변화를 가져옵니다. 모든 것이 엄청나게 파괴적인 문제예요.

더 평등한 사회 속에 살고 있다면 조금 더 오래 살 것이고, 아이들은 학교 다니기가 좀 더 좋겠죠. 약물 복용에 심각하게 빠질 가능성이 낮고, 폭행의 피해자가 될 가능성도 더 낮으니까요. 그런 면에서 보면, 조금 더 나은 사람들도 훨씬 더 나아집니다. 이 사람들은 더 평등한 사회일 때 더 나은 사회 속에 사는 거예요. 그리고 이제 우린 빈곤의 영향이 단순한 빈곤의 영향이 아니란 걸 압니다.

취약계층의 문제는 결국 사회 전체의 문제가 되기 때문에, 리처드 윌킨슨의 말처럼 사회적 불평등은 우리가 생각하는 것보다 훨씬 파괴적인 문제다. 코로나19로 인해 사회 모든 분야에서 디지털로 급속하게 전환되면서 불평등은 더 심해졌다. 유기윤 교수는 많은 사람이 플랫폼에 종속될 것이라고 예측하면서, 이로 인해 양극화도 가속화될 거라고 말한다.

유기윤   팬데믹으로 인해 정보시스템에 의존하는 정도가 더 빨라졌어요. 그러다 보니 플랫폼화가 점점 더 빠른 속도로 진행됐고, 그 결과 빈익빈 부익부 같은 사회적 현상이 더 빨리 나타나게 된 거죠. 정보시스템, 즉 플랫폼화가 빨라지면 정보와 자본을 가진 사람들은 점점 더 많은 기회를 얻습니다. 더 많은 사업영역을 개척할 수 있고요. 반대로 정보나 자본을 가지지 못한 사람들은 점점 플랫폼에 종속되는 속도가 빨라지게 되고, 결과적으로 수익이나 정보 같은 경제적 기회 측면에서 더 약자가 되죠. 그러다 보니까 빈익빈과 부익부가 더 가속화되는 결과를 가져오는 겁니다. 팬데믹 같은 일이 일어나면, 사회적 약자부터 더 치명적인 타격을 받게 됩니다.

팬데믹 과정에서 급격히 진행된 디지털화와 우리 생활을 더욱 편리하고 윤택하게 해준 것은 틀림없는 사실이다. 그러나 여기에는 이면이 있다. 바로 디지털 격차. 이미 많은 사람이 이 문제에 두려움을 갖고 있다. 사람들은 이 격차가 앞으로 더 커질 것이고, 팬데믹이 이를 더 심화시킬 거라고 예상한다. 디지털을 잘 다루느냐 아니냐에 따라 생활의 편의성은 물론 경제적 양극화를 더 깊어지게 만들 수 있는 것이다. 한국진흥정보원 문용식 원장도 디지털 격차에 대해 우려하는 사람 중 한 명이다.

문용식 코로나 위기 때 가장 유행한 말이 비대면, 언택트죠. 그러니까 모든 사회가 급속도로 디지털로 전환되면서 여기에 적응하는 사람은 편리하고 좋지만, 적응하지 못한 사람은 엄청 불편한 거죠. 그 격차를 디지털 격차라고 표현합니다.

과거에도 디지털 격차는 있었습니다. 하지만 그때는 생활이 좀 불편하다 정도였는데, 이제는 디지털을 못 다루면 일도 못하고 교육도 못 받는 세상이 된 거예요. 게다가 취약계층, 어르신들이나 장애인들은 얼마나 불편하겠습니까. 특히 요즘 가장 문제가 되는 게 키오스크죠. 그래서 디지털 격차는 앞으로 생존권의 문제라고 봅니다. 이걸 해소하는 게 국가적 차원에서 굉장히 중요한 과제가 되었다고 생각해요.

사람들이 디지털 전환에 적응해서 살 수 있도록, 경제 사회적인 활동에 참여할 수 있도록 기회를 제공하는 것, 그런 환경과 역량을 갖추는 게 '디지털 포용'입니다. 디지털 포용은 국가적인 과제입니다. 대표적으로 취약계층에도 디지털 디바이스를 제공해야 하고, 그걸 활용할 수 있는 역량, 즉 디지털 리터러시를 키워줘야죠. 이런 일들이 한편으로는 포용이지만, 디지털 활용 역량이 높아지면 거기서 새로운 혁신도 생겨나는 거 아니겠습니까. 혁신의 출발이기도 한 거죠.

디지털 격차는 이제 생존권의 문제. 로봇과 인공지능 역시 마찬가지다. 한재권 박사는 저서 《로봇 정신》에서 기술의 발전은 막을 수 없는 현실이며, 로봇이 앞으로 새로운 권력이 될 것이라고 언급했다. 그 어느 때보다 기술에서의 민주화가 필요한 것이다. 이 격차를 줄이지 못하면 우리가 생각하는 것보다 더 비극적인 상황이 올 수 있다. 결국 디지털 격차를 어떻게 줄이느냐가 4차 산업혁명 시대의 핵심 과제로 대두될 것이다.

한재권 미래에 로봇이라는 기술이 완성됐을 때 그 편의가 너무 크기 때문에 안 쓰고는 못 배기는 상황이 벌어질 수 있거든요. 모든 사람이 원하는 기술을 누군가가 독점한다면 그 자체로 권력이 될 수도 있지 않을까 하는 우려가 좀 있었습니다. 사실 로봇이 인간을 멸망시킬 것인가라는 위험성보다는 실제로 우리 삶 속에서 로봇을 이용할 줄 아는 사람과 그렇지 못한 사람 간의 격차가 저에게는 더 큰 위험성으로 부각됩니다.

기술이 발전하면, 그 기술의 혜택을 받는 일부의 사람들과 그렇지 못한 다수의 사람이 발생할 때 비극이 발생했습니다. 기술 분야에는 오히려 민주화라는 단어가 더 필요해 보여요. 누군가가 기술을 독점하지 않고 많은 사람이 잘 이용하고 활용할 수 있게 된다면, 로봇이라는 권력을 많은 사람이 누리는 혜택이 될 수도 있겠죠. 그래서 로봇의 혜택을 많은 사람에게 돌려줄 수 있는 아이디어가 필요합니다. 이것은 기술이 할 수 있는 일은 아니에요. 민주화라는 단어와 기술과의 접합점은 우리 모두가 해내야 합니다.

이 고민의 연장선상에 기본소득도 있고요. 이 고민의 연장선상에 인간의 노동력에 대한 재정립 같은 일들이 일어나고 있습니다. 기술이 발전할수록 더 중요한 게 인간과 인간 사회에 대한 고찰이고, 그래서 인문학 하는 분들의 참여가 정말 중요합니다. 철학부터 시작해서 경제, 문화 등 우리가 만들어낸 모든 제도가 함께 가야 비로소 우려하는 문제들을 극복할 수 있습니다.

코로나19로 인해 우리는 모든 것을 우선적으로 디지털화해야 하는 상황을 경험했다. 디지털 전환의 필요성을 부정하는 사람도 없을 것이다. 그러나 디지털 격차가 커질수록 사회계층 간의 격차도 커질 것이다. 이를 막기 위해서는 한재권 박사의 말처럼 인문학적으로 인간과 사회를 바라보고 더 나은 사회를 위한 고민이 여느 때보다 필요한 시점이다.

자본주의, 이대로 괜찮은가

심각한 불평등과 빈부격차. 이것은 사실 새로운 문제는 아니다. 그러나 가뜩이나 심해지던 이런 현상은 팬데믹 하에서 악화되었다. 수많은 사람이 목숨을 잃고 일자리를 잃었다. 구조적인 불평등과 차별의 문제가 세계 곳곳에서 터져 나온다. 코로나19를 막아야 한다는 전 지구적이고 시급한 과제 앞에서 잠시 뒷전으로 밀려난 것 같기도 하다. 하지만 팬데믹 이후에는 분명 해결해야 할 문제다.

글로벌 자본주의 시스템의 한계를 우리는 목격하고 있다. 가이 스탠딩 역시 글로벌화된 세계 경제가 지금의 위기를 만들었다고 말한다. 세계 경제는 극도로 연약하고 불안정한 상태다. 이것이 바로 코로나19가 드러낸 글로벌 자본주의다. 그러면 이후에는 어떻게 될 것인가. 팬데믹이 끝나면 더 나은 내일을 맞이하고 싶은 게 모두의 마음이다. 그렇다면 근본적인 개혁을 해야 한다고 스탠딩은 강조한다.

가이 스탠딩 저는 경제의 글로벌화, 그리고 지난 30년간 세계 경제를 지배해온 특정 형태의 경제가 모두 합쳐져 글로벌 경제의 체계적 위기를 만들었다고 봅니다. 대한민국을 포함해 제가 사는 영국, 그리고 전 세계의 경제까지도요. 저는 이를 '렌티어Rentier 자본주의'라고 부릅니다.

렌티어 자본주의는 점점 더 많은 수입이 자산에서 나온다는 걸 설명하는 용어입니다. 일과 노동, 제품과 서비스의 생산에서 나오는 수입이 아니라 물리적 자산, 경제적 자산, 또 지적 자산으로부터 벌어들이는 수입이죠. 더 많은 수입이 자산을 가진 사람과 기업에게 돌아가고, 노동으로 수입을 얻는 사람들은 부유한 국가에서 침체된 급여를 경험하고, 모든 국가에서 차지하는 총 수입의 비중이 줄어드는 걸 경험하고 있죠. 이는 체제의 위기입니다.

글로벌화된 경제가 지난 30년간 진화해왔고, 극도로 연약한 상태입니다. 그리고 이번이 처음 위기는 아닙니다. 이미 21세기 들어 6번째 팬데믹입니다. 물론 수백 번의 경제 위기가 있었죠. 1990년대 후기의 동남아시아, 그리고 2008년의 대규모 금융 붕괴가 있었어요.

이런 일들이 나타내는 건, 우리가 경제 불안정의 시대를 살아가고 있다는 의미입니다. 근본적인 이유는 우리가 불균형의 체계, 금융에 의해 완전히 지배된 체제에 있기 때문이죠. 국가 수입의 비율은 금융으로 나타납니다. 수많은 국가에서 GDP의 500% 이상이 금융 자산이에요. 지속 불가능한 상황인 겁니다. 이는 투기의 경제이기 때문에 불안정은 계속될 것이고, 계속되는 위기가 찾아올 겁니다. 그리고 여기에는 근본적인 개혁이 필요하죠. 오늘보다도 못한 내일을 바라는 게 아니라면요.

팬데믹 속에서 우리가 지금까지 이루어왔던 인류 문명의 한계 상황이 명확하게 확인되었다. 우리가 지금까지 이루어왔던 근대 이후의 문명에 대한 근본적 반성을 촉구하는 것이다. 환경은 물론 글로벌 자본주의라고 부르는 경제체제가 가지고 있는 문제점이 확연하게 드러났다. 따라서 팬데믹 이전과 이후는 우리가 세계에 대해 생각하는 방식에서 근본적인 차이가 있을 것으로 보인다.

이택광　팬데믹 이전에 우리에게 주어졌던 삶의 정언명령이 글로벌화Globalization입니다. 다시 말하면 지구를 하나로 만드는 것이죠. 각 민족국가의 특성은 그대로 두되 민족국가의 특성들을 하나의 룰로 통합한다는 뜻이었어요. 그런데 팬데믹은 그 통합의 과정이 불러온 결정적이고 치명적인 문제점들을 보여줬습니다. 글로벌화가 되면 천국이 도래할 줄 알았는데 팬데믹의 위험성에 그대로 노출되는 문제가 발생한 겁니다.

이전에는 민족국가 간의 국경을 약화시키고, 심지어는 국경이 사라졌다고 주장하는 이론들도 많이 있었잖아요? 그런 이론들이 이제 설득력을 상실하게 됐습니다. 국가 간 통제라는 것이 팬데믹을 해결할 수 있는 유일한 방법이라는 사실을 사람들이 다시 고민하게 됐다고 볼 수 있어요. 그래서 국경 통제라든가 또는 여러 가지 이동의 제한이 이루어질 수밖에 없다는 것. 이게 새로운 패러다임인 거죠.

팬데믹이 자본주의를 비롯해서 인류가 지금까지 누려왔던 기술문명의 종말을 뜻하지는 않습니다. 왜냐하면 일단 자본주의는 멈추지 않았거든요. 글로벌 물류라든가 또는 여러 가지 금융자본이라든가 또는 우리가 알고 있는 수출입과 관련된 여러 가지 업무들이 사실 멈추지 않았어요. 비록 팬데믹 때문에 온라인으로 업무를 본다 할지라도 어쨌든 이 체제는 계속 돌아갔죠. 만약 인터넷이라는 기술이 없었다고 한다면 아마 글로벌 자본주의는 상당한 경제적 타격을 입었을 거예요.

가이 스탠딩은 1930년대 대공황과 같은 사태가 오는 것을 걱정하고 있다. 1929년 미국 주식시장의 주가 대폭락으로 시작된 세계적인 경제공황. 경제가 어려워지자 소비가 얼어붙고, 생산된 물건은 팔리지 않았다. 공장은 문을 닫고 일자리를 잃은 노동자들은 빈민으로 전락했다. 이런 사태를 막으려면 새로운 소득분배 체계를 만들어야 한다고 스탠딩은 말한다.

가이 스탠딩 1930년대 초기에도 금융은 강력한 위치를 갖고 있었고 오래된 경제는 붕괴하고 있었어요. 당시 유럽의 경제력은 하락 중이었고, 미국의 경제력이 떠오르고 있었죠.

지금 다시 세계 경제가 근본적으로 변화하고 있습니다. 점점 더 많은 경제의 동력이 중국으로 가고 있고, 또 동남아시아로, 대한민국으로 가고 있어요. 반면 미국의 경제력은 유럽과 함께 축소되고 있어요. 보호주의가 자랄 수 있는 상황에 놓인 겁니다. 권위주의 정부로 향하는 흐름도 보입니다. 바로 1930년대처럼요. 이 때문에 경제의 위기에 더해 정치적인 위기가 됩니다. 만약 정부가 이를 깨닫지 못한다면, 우리가 세계를 위해 새로운 경제가 필요하다는 걸 깨닫지 못한다면 다시 끔찍한 상황에 처할 수 있습니다.

제가 크게 우려하는 바는, 경제적 불안정이 지속되고 변동성이 더 커진다면, 전 세계에 늘어나고 있는 프레카리아트 계층이 가장 큰 고통을 받게 될 거라는 사실입니다. 나아가 이것이 현실화된다면, 수백만의 인구가 경제적으로 더 큰 불확실성에 직면하겠죠. 따라서 새로운 소득분배 체계를 만들어야만 합니다. 그렇지 않으면 사회적인 대립이 일어날지도 모릅니다.

사회적 대립을 막기 위해 코로나 이후 세계 각국은 어떤 경제 정책을 펴야 할까? 어떻게 해야 불평등을 해소할 수 있을까? 슬라보예 지젝은 지금은 전시 상황과 같다고 말한다. 절체절명의 시간을 시장 경제에만 맡겨둘 수는 없는 노릇. 그는 시장 법칙을 억제하면서라도 모든 사람이 기본권을 보장받아야 한다는 주장을 펼친다.

슬라보예 지젝 　팬데믹을 전시 체제에 비유하는 것이 별로 탐탁지는 않지만, 지금 우리에게는 백신이 필요하기 때문에 마치 전쟁과도 같은 상황이죠. 이 상황을 시장 경제에 과도하게 맡기면 안 됩니다. 경제보다 사회 통제를 먼저 지시해야 합니다. 팬데믹은 많은 사람을 가난이라는 토론의 장으로 안내하기도 했습니다. 이런 문제를 시장에 맡길 게 아니라 조정을 해야 합니다.

누군가는 제 말이 꿈같은 얘기라며 반박하겠지만 아닙니다. 이미 일어나고 있는 현상들을 보세요. 미국의 상황만 봐도 트럼프 정권이었을 때 이미 옛날 방식인 기본소득Universal Basic Income, 이하 UBI을 적용했습니다. 사람들이 굶주림 등을 겪지 않고 기본권을 보장받으며 생존할 수 있도록 말이죠. 이런 것들은 시장 법칙을 억제하면서라도 이루어져야 한다는 겁니다.

우리는 현재 어마어마한 양의 돈을 사용하고 있습니다. 다가올 경제 위기를 어떻게 대비할 수 있을까요? 대비는 할 수 있겠습니다만, 시장 경제 원리로 간단하게 해결할 수 없습니다. 정부나 기타 조율 기관들이 간섭을 해야만 합니다.

지금까지 우리가 살펴보았듯이 코로나19로 불평등 문제가 부각되었고, 코로나 이후 더욱 심화될 것이라는 경고가 들린다. 이런 불평등은 사회적 갈등으로 이어질 것이다. 지난 수십 년간 우리를 지배한 글로벌 자본주의마저 코로나19는 멈춰 세웠다. 통합과 연대로 팬데믹을 극복해내야 한다고 말하는 듯하다. 그 연장선상에서 부의 재분배와 복지에 관한 논의가 진행되고 있다.

홍익인간 정신은 21세기의 해법이 될까

코로나19로 전 국민에게 재난지원금이 지급되었고, 이후 기본소득에 관한 논쟁은 급물살을 타고 있다. 한국은행은 2020년 〈코로나19 위기 이후 성장불균형 평가〉 보고서에서 '코로나19 이후 경제구조 변화에 따라 소득 불평등이 심화될 수 있다'고 발표했다.

특히 디지털 경제로의 전환 과정에서 발생하는 경제적 이득이 사회 구성원에게 폭넓게 공유될 수 있도록 사회안전망을 강화할 필요가 있다고 했다. 영국의 경제학자 가이 스탠딩은 이번 위기를 기회로 받아들이고 있으며, 우리나라에서 진행되는 기본소득에 대한 논의를 반겼다.

가이 스탠딩 현재 실험이 진행 중인 모습이 정말 기쁩니다. 우리가 할 수 있는 한 모두에게 보장을 주는 것이죠. 최소한의 품위를 제공하고, 안정감을 느낄 최소한의 권리를 주는 겁니다. 저는 이번 팬데믹으로 인해 기본소득 지지를 격변시킬 수도 있다고 생각합니다. 하나의 지주로서, 기반으로서요. 그 안에서 대한민국이 세계의 선두에 설 수 있을 겁니다.

저는 다보스에도, 실리콘밸리에도, 또 여러 기업에서도 강연 초청을 받았습니다. 많은 부유한 사람들이 깨달은 것은, 그들의 부는 경제적 변화로 이익을 보는 사회에 기반해 있다는 점이었죠. 그들 역시 수백만의 프레카리아트들이 이익을 보지 못하고 있음을 알고 있어요. 또 그중 현명한 몇몇은, 기본적인 안정을 갖기 위해서는 자신들의 양보가 필수라는 것을 알았습니다. 그래서 다수가 기본소득을 지지하고 나선 것이죠.

말씀드린 것처럼 기본소득이 만병통치약은 아닙니다. 모든 문제를 해결해주지는 않아요. 하지만 대한민국의 모두가 기본적으로 안정을 갖지 못하는 한, 우리에겐 회복력이 없을 겁니다. 미래의 팬데믹에 의연하게 맞설 힘이 없겠죠. 일부 집단이 취약하다면, 우리 모두가 취약한 겁니다. 근본적으로 새로운 사회적 합의가 필요한 이유이자, 모두에게 기본적으로 경제적인 안정을 제공하는 겁니다. 그런 다음에 개인의 노력과 계획 등을 통해 스스로 개발하게 하는 것이죠. 시장을 폐지하는 요리법이 아니라, 우리가 공유해야 하는 레시피예요. 공동체의 이익이 함께해야 한다는 겁니다.

사회적 불평등으로 인한 반이상향, 즉 디스토피아를 상상하기는 쉽다. 그게 지금 많은 사람이 우려하고 두려워하는 문제이기도 하다. 하지만 우리에게는 그것을 막을 힘과 지혜가 있다. 기술이 인간을 종속시키는 게 아니라 해방하는 유토피아를 향해 걸음을 계속한다면 말이다. 이 중대한 변화의 시기에 가이 스탠딩은 놀랍게도 우리에게 익숙한 개념을 언급했다.

가이 스탠딩 아마도 지금 시점은 변화의 시기가 아닌가 싶어요. 우리가 기술 혁신의 사회를 통제하지 못한다면, 일부 반이상향dystopia

들, 공상과학에 나오는 반이상향이 좀 더 현실이 될 수 있습니다. 대부분의 사람이 수동적으로 대우받고, 기술의 신호와 조작에 반응하게 되는 거죠. 그것이 성공하리라 생각하지 않고, 궁극적으로는 일어나지 않을 일이라고 생각합니다.

저는 그런 면에서 낙관론자이거든요. 사람들은 시위를 시작하고, 수입 분배 체계에 변화를 요구하게 될 겁니다. 기술이 여러 형태의 노동을 대체하는 것은 좋은 일일 수 있습니다. 개념적으로는 좋은 일이에요. 우리의 시간을 해방시켜주니까요. 그런데 현재 그렇게 되지 않는 건 급여가 낮아졌고, 사람들이 부채에 시달리는 등 어려움을 겪고 있기 때문이죠. 기술 변화로 인한 수익의 분배 체계에 근본적인 변화가 필요한 부분입니다. 현실을 마주하고 사람들의 안정을 확보해야만 그들 스스로의 일을 개발시키고, 자신의 레저 형태를 발달시키고, 능력을 발달시켜 수많은 활동들을 누릴 수 있을 겁니다. 오전에는 작가였다가 오후에는 음악가가 되고, 저녁에는 돌봄을 제공하거나 하는, 그런 조합의 활동을 할 수 있겠죠.

실제 이는 정치적인 위기입니다. 만약 관료들과 엘리트들이 지배한다면, 우리에겐 두려운 개발과 함께 반이상향이 찾아올 겁니다. 하지만 진짜 민주주의를 이루고, 수입 분배 체계의 변화로 능력을 발달시킨다면, 대한민국의 가치 중 하나를 다시 복원할 수 있을 거예요. 바로 '홍익인간'이죠. 그걸 다시 찾을 수 있을 겁니다. 2,300년 전에서 온 개념, 공유의 자세, 평민들의 복원을요. 평민을 다시 살리고 홍익인간의 기풍을 되살리는 정치적 의제가 필요할 것입니다.

제가 보기에는 대한민국이 세계를 가르칠 수 있는 위치에 있어요. 공동체 보존의 그 엄청난 가치, 사람들이 공동체의 개념 안에서 각자의 개성을 가질 수 있게 하는 가치를 말입니다. 그렇기 때문에 저는 2,300년 전 대한민국의 처음 시작인 홍익인간 개념이 21세기에 새로운 맥락으로 다가와야 한다고 말하는 겁니다.

홍익인간, 인간을 널리 이롭게 한다, 우리 단군의 건국이념이다. 이는 우리 민족의 사상적 근원이라고 해도 무방할 것이다. 그런데 21세기에 4차 산업혁명을 앞두고 '널리 인간을 이롭게 하라'는 홍익인간 정신을 다시 떠올려보기를, 지구 반대편의 석학은 제안하고 있다. 이택광 교수 역시 팬데믹 앞에서 약화된 사회 불평등과 공동체의 문제를 돌아보아야 한다고 말한다.

이택광　팬데믹과 같은 상황은 우리가 공동체적인 관점에서 공통적인 것을 서로 나누어 갖는 방식으로 접근해야지만 해결될 수 있다고 봅니다. 재난지원금도 마찬가지죠. 우리가 재난지원금을 특정한 집단이나 계층에 지원한다는 것을 동의해야만 하잖아요. 암묵적인 동의 내에서 공적 이익을 위해서 사용돼야 한다는 것에 합의할 수밖에 없는 상황이 되었죠.

팬데믹이 근본적 질문을 우리에게 던졌다고 봅니다. 팬데믹이 오기 전에는 내가 잘 먹고 잘살면 되는 거지, 또는 어떻게 하면 내가 돈을 많이 벌고 어떻게 하면 내가 성공할 것인가 이런 것만 생각해봤잖아요? 그런데 팬데믹 상황이 딱 펼쳐지면서 유독 고통받는 사람들이 있고, 이들을 도와야 한다는 생각을 하게 된 겁니다. 팬데믹이 사실 우리에게 '인류애'를 강요하고 있는데도, 우리는 이를 강요라고 생각하지 않고 받아들여서, 국가가 재난지원금을 주는 것에 대해서 동의하잖아요.

그런 측면에서 팬데믹은 우리에게 공동체를 다시 생각하도록 만들었어요. 이 경험을 토대로 공적 이익을 어떻게 나누어가질 것인가 하는 방향으로 국가정책도 초점을 맞추리라 봅니다. 물론 국가정책이 실패할 수도 있고 여러 반발을 초래할 수도 있겠지만, 공적 이익을 지향했을 경우, 인류애라는 암묵적 합의를 이끌어낼 수 있다는 사실을 이번에 확인한 겁니다.

코로나 팬데믹이 가져온 여러 가지 트라우마 상황은 많았습니다. 하지만 인류 사회에서 지금처럼 빠른 시간 내에 공동으로 협력해 팬데믹을 극복하는 지혜가 동원된 경우는 별로 없다고 봅니다. 이게 우리의 희망인 거 같아요. 그래서 절망 속에서 희망을 봤다고 말할 수 있습니다.

홍익인간과 인류애는 포스트코로나 시대를 주도할 키워드가 될 것인가. 코로나 바이러스는 인류의 욕망이 만들어냈다고도 볼 수 있다. 그리고 팬데믹 이후 세계 곳곳에서 혐오의 움직임과 백신 국가주의도 보인다. 이런 상황에서 우리는 공존과 공동체 정신의 복구를 기대할 수 있을까? 코로나19가 드러낸 우리 사회의 틈을 메우고 상처를 치료하기 위해서는 국가의 역할이 무엇보다 중요할 것으로 보인다.

3부

국가의 이유

국가는 개인의 자유를 규제할 수 있을까

"오늘 밤 자정을 기점으로 전국적으로 3단계 거리두기가 시행됩니다. 10인 이상 모임과 각종

시설의 운영이 중단되며 스포츠 경기도 중단됩니다. 경제적 타격은 상당할 수밖에 없습니다."

광화문 광장에서는 3단계 거리두기 시행을 반대하는 시민들의 시위가 밤늦게까지 이어졌다.

저항의 이유는 다 다르다. 당장 밖에 나가서 일을 해야만 생활비를 얻을 수 있는 사람들, 그들은 일할 권리를 주장한다. 팬데믹의 최대 피해자들이다. 국가가 개인의 자유를 규제한다는 것, 그 자체를 받아들일 수 없다는 쪽도 있다. 바이러스에 감염되는 것 또한 본인의 자유라고 말한다.

음모론도 나왔다. 사람들은 바이러스의 위험성이 미디어에 의해 과대포장됐다고 주장한다. 누군가가 바이러스로 세상을 통제하려 한다고 믿는 것이다. 봉쇄령이 내려지면 탈출을 시도 한다. 자유를 찾아, 일을 찾아, 도시를 넘고 국경을 넘는다.

국민의 모든 동선이 파악되는 팬데믹 시대, 개인의 자유는 어디까지 허락될 수 있을까?

또 다수의 사람이 지키고 있는 공공의 약속. 그것을 어긴 사람을 국가는 어느 선까지 규제할

수 있을까? 조금은 곤란한 이야기를 시작해보려 한다.

8장

국가가
당신을 감시하고 있다

통제가 일상이 된 세상

사회적 거리두기가 일상이 되었다. 팬데믹 기간에 다양한 방식으로 국가 주도의 통제가 이루어졌다. 모든 나라마다 방역 수칙의 단계별 구분은 다르지만, 내용은 거의 비슷하다. 가장 낮은 1단계는 지속적인 억제 상태를 유지하는 정도지만, 2단계가 되면 상황이 달라진다. 모임의 인원이 제한되고 단체 여행과 100인 이상의 집회가 금지된다. 3단계로 가면 사적 모임이 금지되고, 다중 이용시설의 이용도 훨씬 더 강하게 규제된다. 마지막 4단계는 외출 금지 단계로, 사실상 일상이 멈춰버린다. 유럽을 비롯한 여러 나라에서는 우리의 3단계와 4단계에 준하는 봉쇄령이 장기간 이어졌다.

　방역 수칙을 지킨다는 건 누구에게나 고통이다. 그러나 그것을 잘 받아들인 쪽과 그렇지 않은 쪽의 결과는 확연히 달랐다. 어느 나라에서나 국가가 개인의 자유를 규제한다는 건 결코 쉬운 결정이 아니다. 그러나 아이러니하게도 규제가 늦어진 나라일수록 바이러스는 더 광범위하게 확산했고, 그럴수록 봉쇄령의 수준은 더욱 높아졌다. 좀 더 일찍 통제를 받아들인 쪽이, 견뎌야 할 고통도 짧았던 셈이다.

문용식 조기에 차단하고 방역 관리를 하기 위해서 확진자에 대한 정보가 굉장히 중요해졌습니다. 그래서 감염병예방법에서는 통신사에서 가지고 있는 위치정보, 카드사용 내역, CCTV에 찍힌 입출입 정보 등을 활용해서 확진자의 동선을 최대한 빨리 추적하죠. 또 밀접접촉자의 감염 우려가 크다 보니 밀접접촉자를 최대한 빨리 파악해내도록 보장되어 있어요. 그 선에서 개인정보를 수집하는 거죠. 문제는 그렇게 얻은 확진자의 동선 정보를 공개한 겁니다. 확진자가 누군지는 물론이고 동선도 지극히 개인정보인데, 초기에 워낙 위기 사항이다 보니 혼선이 생겼죠. 물론 이후 몇 달에 걸쳐 정비가 돼서 지금은 혼선이 거의 없습니다.

감염병 위기에 맞서 공동체의 건강과 안위를 보호하는 가치, 개인의 사생활을 보호하는 가치, 이 두 가지가 충돌하는 지점이 분명 존재하는데요. 균형을 이루는 적정선에 대한 사회적인 합의가 필요하다고 생각합니다. 유럽과 우리나라의 사회적인 합의 수준은 조금 다른 거 같아요. 유럽은 개인주의적인 성향이 강해서 사생활 보호 쪽에 조금 더 방점을 두고 있고요. 우리나라를 비롯한 아시아권에서는 그래도 공동체 안전이 중요하지 않으냐는 사회적 분위기에 따라 이쪽에 더 방점을 둔다는 차이가 있습니다.

바이러스의 확산을 막기 위해 우리가 내놓아야만 하는 게 하나 더 있다. 바로 나의 개인정보. 어디를 가든 도착하자마자 맨 먼저 해야 하는 일은 전화번호를 수기로 남기거나 스마트폰 속의 QR

코드를 꺼내 단말기에 대는 일이다. 내가 이곳에 다녀갔다는 기록을 남기는 것이다.

현재 우리나라 시스템에서, 확진자 한 명의 이동경로를 파악하는 데 드는 시간은 단 10분. 확진자가 몇 시에 어디를 가서 얼마나 머물렀는지가 모두 드러난다. 그와 동시에 이 사람이 이전에 머물렀던 공간에 함께 있었던 모든 이에게 확진자가 발생했다는 사실이 통보된다. 그에 따라 사람들은 즉각적으로 자신의 감염 여부에 대처할 수 있게 된다.

우리가 들고 다니는 2개의 물건, 스마트폰과 신용카드. 이것이 모든 정보의 근원이다. 여기에 든 GPSGlobal Positioning System 정보와 카드사용 내역만 있어도 개인의 동선은 거의 다 파악된다. 또한 거리의 카메라는 시민들의 동선을 파악하는 중요한 수단이다.

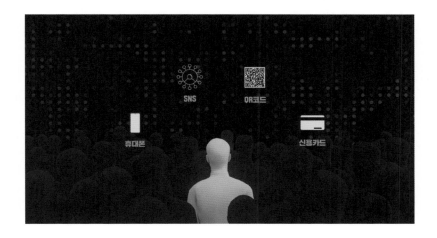

팬데믹 초기, 일부 국가들은 확진자의 개인정보 추적에 강한 거부반응을 보였다. 하지만 달리 뾰족한 수가 없었다. 지금은 거의 모든 나라가 개인정보를 활용해 바이러스의 감염경로를 관리하고 있다.

문용식 우리나라 이태원 클럽에서 수천 명의 밀접접촉자가 생겼을 때 확진자들의 동선과 접촉자들의 정보를 최대한 빨리 추적해서 조기에 확산을 막았잖아요. 정보공개 투명성의 빛을 본 대표적인 사례라고 볼 수 있습니다.

하지만 이렇게 쌓이고 쌓인 개인정보들을 정부가 손바닥 위에 올려놓고 들여다보는 일이 관성화되면, 이건 또 하나의 통제사회로 변모될 우려가 있습니다. 따라서 법과 제도로 차단하고 보호해야 하며, 언론과 시민사회가 건강하게 견제해야 합니다.

물론 현재 우리나라는 데이터 활용에 있어서 개인정보 보호와 활용의 균형을 위한 노력을 굉장히 많이 하고 있습니다. 그 예가 개인정보의 가명 처리화입니다. 가명정보를 만드는 것, 즉 가명정보 결합에 대한 프로세스를 지원해서 안전하게 정보를 활용할 수 있도록 제도적으로 뒷받침하는 거죠. 또 인공지능 시대에는 인공지능 학습용 데이터 안에 개인정보가 들어 있어, 그 데이터가 편향되어 있을 경우 또 다른 문제가 생기는데요. 그렇기 때문에 인공지능 학습용 데이터에서의 균형과 개인정보 보호도 저희(한국지능정보사회진흥원)가 항상 주의하고 있는 지점입니다.

벌써 2년 가까이 우리는 불편을 감수하며 규칙을 지켜왔다. 다수의 사람이 지키고 있는 공공의 약속. 그것을 어긴 사람을, 국가는 어느 선까지 규제할 수 있을까. 어느 선까지 규제해야만 과잉대응이 아닌 걸까. 정부의 지나친 통제를 두고 우려의 목소리가 나온다.

빅브라더는 현실이 될까

파놉티콘Panopticon은 18세기 영국의 공리주의 사상가 제러미 벤덤이 설계했다는 원형감옥이다. 최소한의 감시자가 많은 수감자를 감시할 수 있도록 설계된 것으로 유명하다. 최소의 비용으로 최대의 효과를 낼 수 있는 감시와 통제의 방법. 팬데믹은 이 오래된 원형감옥의 용어를 다시 소환했다.

코로놉티콘은 파놉티콘과 코로나를 합쳐 만들어낸 신조어로, 2020년 봄, 영국의 주간지 〈이코노미스트〉에 처음 등장한 말이다. 기사는 경고로 가득 차 있다. '모든 것이 통제되고 있고, 민주주의는 뒤집혔다', '2차 세계대전 이후, 가장 강력한 국가권력이 등장했다', '국가가 감시하고 있다…'. 여기에 〈뉴욕타임스〉도 가세했다. 전염병 통제의 권한이 독재자에게 기회가 될 수 있다는 것이다.

조지 오웰의 소설 《1984》도 어김없이 등장했다. 소설 속에 등장하는, 고도로 발달한 기술력을 가지고 있는 가상국가의 지배자인 '빅브라더'. 빅브라더는 모든 것을 알고 있다. 확진자의 모든 동

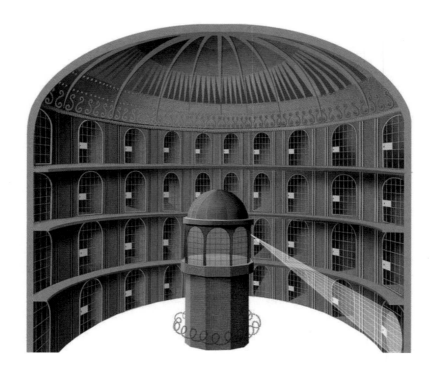

선이 파악되는 현재의 상황을 두고, 사람들은 쉽게 빅브라더를
떠올린다. 특히 일부 국가에서 확진자를 추적하는 과정에 안면
인식 기술이 활용되기 시작하면서 빅브라더에 대한 관심은 더욱
높아졌다.

한재권　기술과 AI가 계속 발전하고, 정보통신 기술이 급격히 늘어
나면 우려되는 부분이 있죠. 바로 빅브라더의 탄생입니다. 우리가
통제사회 속에서 살아가는 빅브라더의 세상. 정보를 누군가가 독

점을 하고 또 쉽게 접근할 수 있다면, 인간 자체가 통제받는 상황과 다를 바 없는 일이 벌어질 수 있습니다.

제가 생각하기에 인류의 문명은 여러 가지 시도를 해봤지만, 결국 통제에 의해 발전하기보다는 투명하게 공개함으로써 더 좋은 세상을 만든 경험이 많거든요. 따라서 정보를 통제하려 들지 말고, 안전한 기술로 서로를 지켜주는 시스템을 만드는 게 중요하다고 생각합니다. 정보 보안에 있어서 많은 사람이 관심을 가지고, 우리가 민주주의를 획득한 정도의 노력으로 만들어나가야 하지 않을까 싶습니다.

프랑스의 경제학자 자크 아탈리는 팬데믹 이전에 이미 감시사회가 올 것을 예측했다. 그는 재난을 틈타 통제를 강화하는 조짐에 대해 우려한다. IT 기술을 통해 멀리서도 감시할 수 있는 시스템은 물론이고, '자가 감시'에 대해서도 얘기했었다. 우리 손안의 스마트폰을 한번 들여다보자. 저축과 자산 변화를 감시하는 소프트웨어를 사용하고, 건강 상태를 체크하는 시스템을 통해 스스로를 감시하고 있지 않은가. '감시'라는 말이 부정적으로 들리지만, 이는 양날의 검을 가졌다고 볼 수도 있다.

자크 아탈리 지금으로부터 40년 전에 저는 멀리서 감시하는 '원격 감시Hyper-Surveillance'와 국민들이 스스로를 모니터링하는 '자가 감시Self-Surveillance 또는 Self-Monitoring'라는 표현을 썼습니다. 건강이나 교육 등에 있어서 스스로 감시하기를 원하는 때가 올 거라고 얘기했었죠. 팬데믹과는 상관없이 자가 감시하는 사회는 급진적으로 이루어질 것입니다. 자가 감시는 또 다른 형태의 자유가 될 수도 있어요. 즉, 사회로부터 자유롭게 존재한다는 뜻이 될 수도 있죠. 반대로 독재 정치의 일환으로 악용될 수도 있습니다. 자가 감시를 통해 사회 전체의 법과 행동수칙을 개개인에게 부과할 수도 있는 거죠.

이제는 정부가 역할을 해야 할 때입니다. 민주주의 체제에서는 민주 정치의 투명성과 독립적인 미디어를 통해 진실을 추구할 수 있고, 그래야만 정부의 통제가 어둠에 놓여 있지 않고 투명해질 수 있습니다. 정부 통제가 투명성이 보장되지 않고 필요 요건이 충족되지 못한다면, 좋지 못한 통제라고 할 수 있겠죠.

팬데믹으로 인해 두드러진 사회 현상 중 하나는 사람들이 자신의 죽음을 인지했다는 겁니다. 우리가 곧 죽게 된다는 걸 알게 될 때, 생각할 문제는 죽음이 아니라 자유입니다. 죽을 수도 있다는 사실을 잊고 진정한 자유의식을 갖고 살아야 합니다. 공포정치를 하지 않도록 감시하고, 보안의 문제라며 자유의지를 포기하지 않아야 합니다. 우리가 죽을 수 있다는 건 (차라리) 다행이겠지만, 자유를 내려놓는 것은 옳지 못합니다.

바이러스 확산을 막아야 한다는 공공의 이익을 위해, 우리는 기꺼이 개인의 정보를 제공했다. 디지털 발자국, 즉 사람들이 남기는 디지털 흔적들은 팬데믹 국면에서 긍정적으로 사용된 것이 사실이다. 그러나 이를 뒤집어 말하면, 디지털 발자국은 강압적인 감시의 도구가 될 수도 있다. 문제는 팬데믹 이후다. 한번 시작된 것을 멈출 수 있을까? 어디에서 선을 긋고 멈출 것인가 하는 문제가 팬데믹 이후 우리를 기다리고 있다.

수바라오 캄밤파티 우리가 팬데믹에 대항해 싸우는 가장 큰 무기 중 하나는 확산에 대한 모니터링입니다. 이것은 접촉한 사람이 어디로 가는지, 또 어디에서 만나는지 등에 달린 것이죠.

제가 개발한 흥미로운 유형의 자동화 기술이 있는데요. 여러 국가에서, 누군가의 근처에 있는 것만으로도 마치 그들과 함께 있는 것처럼 휴대폰으로 캡처할 수 있습니다. 그래서 그 사람이 누구를 만났는지 알 수 있죠. 이 데이터는 적합한 익명화 과정을 거쳐, 감염 패턴에 사용될 수 있습니다. 심지어 안면 인식 기술도 현재 AI 기술에 많이 의존하고 있으며, 이 역시 근본적으로 모니터링에 사용할 수 있습니다. 몇몇 국가에서 이미 시행했을 겁니다. 이스라엘은 휴대폰 기술을 통해 사람들이 격리를 준수하고 있는지, 나가서 사람들을 만나는지를 확인하기도 했죠. 현재의 팬데믹에 맞서 싸우기에는 아주 훌륭한 기술이라고 봅니다.

하지만 이런 기술을 사용하기 시작하면, 적정 수준을 벗어날 수도 있습니다. 가장 큰 우려는 사람들의 자유를 침범당하고 감독받는 게 아닐까 하는 문제입니다. 이 기술이 우리 생활의 일부가 된다면, 우리가 항상 감시당할 수도 있으니까요. 백신 여권 역시 일상의 여행을 되찾을 수 있는 방법인데요. 백신 여권을 지니고 다니면, 어딜 가든지 제지당하지 않고 다닐 수 있습니다. 다만 이 역시도 시민권리 침해에 대한 우려가 있죠. 백신을 맞지 않았거나 못 맞은 사람들에 대한 차별이 될 수 있거든요.

이처럼 디지털 발자국은 팬데믹을 막는 데는 사용될 수 있으나, 이후에도 감시가 지속될 수 있습니다. 정부가 팬데믹이 끝나고 우리에 대한 감시를 멈출게 될까요? 이는 생각해볼 문제입니다. 팬데믹이 끝났는데, 우리가 이동하는 곳을 정확하게 알 수 있다고 하면 우리의 자유는 침해당하겠죠. 팬데믹이 그 기술을 사용할 좋은 이유를 제공하고 있어요. 여기서 문제는 이를 사용할 것인가, 이 기술을 사용하기 시작해서 멈추지 않으면 어떻게 되는가 하는 거죠. 지금도 여러 나라가 겪고 있는 중대한 논란이에요.

모든 나라는 공히, 팬데믹을 이유로 취득한 개인정보를 일정 기간 내에 폐기처분할 것을 약속하고 있다. 그러나 세상에는 가끔 예측하지 못한 일들이 발생하기도 한다. 만약 이런 정보 수집이 팬데믹 이후에도 계속된다면 어떻게 될까. 모든 것을 유보하고, 인정하고, 양보했던 시대. 이 팬데믹의 시대가 끝난 후에는 어떻게 선을 그을 것인가?

개인정보 보호와 국가 통제의 대립

도시정보공학 박사인 유기윤 교수는 공저 《미래 사회 보고서》에서 미래 사회가 어떻게 변할지에 대해 예측했다. 특히 자신의 전공인 도시 정보시스템이라는 시각에서 도시가 어떻게 발전해나갈 것인지 논했다. 여기서 가장 눈에 띄는 것은 '센서'다. 그는 도시 정보시스템에서 활용된 센서들이 세상의 거의 모든 것을 감지한다고 말했다.

유기윤　지금 우리가 U시티나 스마트시티를 표방하지 않습니까. 그게 바로 센서 도시라고 보면 됩니다. 센서라는 것은 감지기인데요. 이를테면 사람을 하나의 정보시스템으로 볼 수 있거든요. 사람은 육체만을 놓고 봤을 때는 탄소로 만들어진 분자기계인데, 오감이라는 센서시스템을 가지고 있죠. 마찬가지로 CCTV나 GPS처럼 우리가 인위적으로 만든 센서들이 있어요. 또 요즘은 열화상시스템으로 온도를 감지하는데, 이 모든 감지기를 센서라고 부릅니다.

　앞으로 향후 10년에서 20년간은 온갖 센서들이 만들어져서 도시를 가득 채울 것입니다. 다시 말해, 우리가 말하는 스마트한 도시는 센서 도시를 구현하는 것과 같죠.

　대표적인 예가 바로 2015년 중국에서 시작된 톈왕 프로젝트인데요. 중국 전역에 CCTV를 설치해서 사람들의 안면을 인식하겠다는 프로젝트입니다. 이 프로젝트가 만들어진 배경은 사실 대부분의 스마트시티에서 추구하는 바와 비슷합니다. 안면인식을 통해서 사람들에게 좀 더 높은 수준의 안전 또는 편리함을 제공하겠다는 것이죠. 반면에 그 뒤에 숨은 나쁜 의도도 충분히 예상해볼 수 있습니다. 이를테면 사람들을 감시하고 통제하겠다는 겁니다. 비단 중국의 텐왕 프로젝트뿐만 아니라, 앞으로는 스마트시티를 표방한다는 명목으로 CCTV나 센서들을 배치해 안전과 편리성을 증진시키는 한편 사람들을 위협하거나 옥죄는 도구로도 쓸 수 있습니다.

일반적으로 도시에 사는 직장인이라면 아침에 집을 나와 출근해서 일하고, 퇴근하여 다시 집에 갈 때까지 최소 수십 번에서 수백 번을 CCTV에 찍힙니다. 또 GPS를 통해서 내 위치가 24시간 추적되죠. 사실상 지금도 센서로 상당히 포화됐지만, 미래로 가면 갈수록 거의 모든 곳에 센서가 있을 겁니다. 저 높은 위성에서부터 이 땅속 또는 아주 작은 초소형 극소형 센서, 먼지만 한 센서들이 만들어질 거고요. 그렇게 되면 그야말로 눈에 보이지도 않는 센서들 속에서 살아가게 될 겁니다.

기술이라는 건 기본적으로 항상 양날의 검입니다. 이점이 있는가 하면, 단점도 있죠. 센서가 우리에게 주는 많은 혜택에도 불구하고, 늘어나는 센서를 잘 관리하지 않으면 커다란 고통으로 돌아올 수 있습니다. 따라서 센서를 통해 얻는 정보를 저장하고 활용하는 과정을 많은 사람이 모니터링할 수 있도록 투명한 제도적 장치를 만들어야 합니다.

도시의 수많은 센서와 그것들의 네트워크. 유기윤 교수의 말처럼 이 모든 것은 우리가 거부할 수 없는 편리함이다. 우리는 팬데믹이 오기 훨씬 전부터 이미, 이런 도시에서 살고 있었다.

우리가 그 세상을 거부할 수 있을까? 거부할 수 없는 이유는 하나 더 있다. 카메라는 내 모습을 감지하기도 하지만, 동시에 위험을 감지하기도 한다. 수바라오 캄밤파티는 한 칼럼에서 많은 국가가 이미 사람들을 그들의 휴대폰 속에 있는 GPS로 통제하고 있다고 경고했다.

수바라오 캄밤파티　사람들은 AI 기술로 인해 새로운 감시 능력이 실현되지 않을까 우려합니다. 사실 GPS를 꼭 AI라고 할 수는 없어요. 원래부터 존재해온 장소의 정보와 이미 아는 기술을 휴대폰에 넣어서 들고 다닐 수 있게 된 것일 뿐, AI 기술에 속하지도 않습니다.

하지만 문제는, 공공 공간에서의 프라이버시가 된다는 겁니다. 콘서트에 갔다고 해보죠. 콘서트장에는 엄청나게 많은 사람들이 있는데, 누가 여러분이 거기 있는 걸 알겠어요. 그런데 이제는 거대한 군중의 사진을 찍어서, 안면인식을 실시할 수 있어요. 이 안면인식의 영향은 상당합니다. 모두가 휴대폰을 가졌기에 소셜미디어 계정을 통해 온라인상에 얼마든지 마구 퍼질 수 있습니다. AI 기술을 이용하여, 사진 속 당사자가 누구인지 금방 알아낼 수 있게 된 거죠.

실제로 일부 국가들은 이미 군중을 감시하고 있어요. 여러 교차로에 카메라를 설치해두었고, 사람들이 무얼 하는지도 볼 수 있습니다. 그 의미는 다시 말해, 이미 그곳에 프라이버시는 없다는 이야기일 수 있습니다. 영국 런던 같은 경우도 수많은 카메라가 거리에 설치된 도시로 유명하죠. 거기에서 최근 한 여성이 경찰에 의해 폭행을 당했는데, 금방 잡아낼 수 있었어요. 카메라가 수없이 많아서요. 기술을 통해 이런 일들을 더 빠르게 해낼 수 있고 올바로 해낸다면 훌륭한 일이죠. 반면 잘못되게 행한다면, 문제가 되는 겁니다. 우리의 기술은 이용이 될 수도, 또 오용될 수도 있어요.

AI는 지능에 관한 것이고, 지능은 궁극의 기술입니다. 그러니 더 많은 주의가 필요합니다. 과학기술과 사회적인 부분 외에도 윤리적인 문제까지 모두 고려하여 AI란 무엇인지를 이야기하고, 이 기술을 사용하는 방법에 대한 가이드라인을 고안해야 합니다. 원자력 에너지는 원자로가 될 수도 있지만, 또 원자폭탄이 될 수도 있거든요.

물론 아직 팬데믹은 끝나지 않았다. 변이 바이러스가 발생하고 있는 만큼, 끝나기 전에는 끝난 게 아니다. 지금 정부가 할 일은 팬데믹 대처에 관한 모든 정보를 알아내는 것이다. 하지만 팬데믹이 끝나면 정부는 감시 체제를 멈추고, 시민에게 맡겨야 한다고 마르쿠스 가브리엘은 강조했다. 감시 체제와 민주주의는 양립할 수 없다는 것이 그의 주장이다. 디지털화는 막을 수 없기에 가장 중요한 건 투명성을 확보하는 일이다.

마르쿠스 가브리엘   정부는 과학 연구와 바이러스 학자, 전염병 전문 학자, 의료 전문가, 철학자, 사회학자, 병원을 운영하는 실무자들까 지 포함한 초학문적 연구 그룹에게 기금을 마련하고, 세계적인 그 룹을 형성하여 바이러스 및 팬데믹 대처에 따른 사회현상에 관해 최대한 많은 정보를 알아내야 합니다.

그런 다음 국민에게 최대한 자세하게 알려줘야 하고, 위생이 철 저한 안전지대를 마련해줘야 합니다. 학교 시스템도 몇 달 동안은 부분적으로 디지털화하고 백신도 확보해야 하죠. 이 정보 단계가 이루어지고 나면 감시 체제를 바로 멈춰야 합니다. 시민들이 알아 서 해결하도록 맡겨야 해요. 과학기술을 이용하여 국민들에게 정

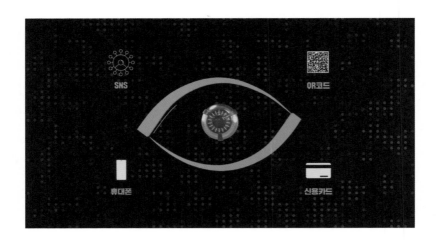

보와 위험을 알리고 보건의료 시스템을 늘려야 합니다.

팬데믹은 아무도 컨트롤할 수 없습니다. 끝까지 어떤 일이 발생할지 몰라요. 백신 접종 프로그램과 신종 변이 바이러스와의 상관관계도 확실히 모르니, 앞으로 2년 동안은 지켜봐야 합니다. 저도 모든 문제에 답을 알고 있진 못합니다. 다만, 알맞은 해결방안 한 가지는 시민들의 도덕적 양심에 맡기는 겁니다. 감시 체제의 자본주의는 민주주의와 양립할 수 없을뿐더러 우리 의사에 상관없이 디지털 독재로 곧장 이어질 것입니다.

여러 국가에서 안보 기관과 대기업들이 팬데믹을 이용하여 디지털 통제 정부를 만들려고 하는 움직임이 보입니다. 집에서 인터넷에서 영화, 책 등 물건을 사고 집 안에서 사적으로 행하는 모든 일이, 자유롭게 사적인 공간에서 행하는 모든 자유가 통제받을 수 있습니다. 디지털 통제 자체를 없던 일로 할 수는 없습니다. 하지만 투명성이 더욱 보장되어야 합니다.

전염병에 대한 두려움, 감시사회에 대한 두려움. 두려움은 때로 이성을 잃게 한다. 코로나19가 발생하면서부터 백신이 나온 지금까지도 온갖 음모론과 가짜뉴스가 퍼지고 있다. 바로 인포데믹스, 잘못된 정보의 전염병이다. 이것은 발달한 디지털 미디어를 통해 순식간에 전 세계로 퍼진다. 한 나라의 정부가 통제하기 어려운 미디어의 세상. 어쩌면 국가보다 더 강한 미디어의 힘에 대해 살펴보자.

9장

음모론과 가짜뉴스는
어떻게 우리를 현혹시키는가

국가를 위협하는 음모론과 가짜뉴스

아래 그림은 '채찍질 고행단'이다. 흑사병이 유럽을 휩쓸었던 14세기에 채찍질 고행단이 등장했다. 이들은 십자가를 지고 채찍을 맞으며 수천 명씩 무리를 지어 행진했다. 자신의 육체적 고통이 신의 분노를 잠재울 수 있다고 믿었다.

중세의 미신은 이제 끝이 났을까. 아이러니하게도 미신은 더 강해졌다. 현대의 미신은 미디어를 타고 전파된다. 마늘을 먹으면 바

이러스가 사라진다, 바이러스는 휴대폰을 통해 감염된다, 은을 마시면 된다, 뜨거운 온도에서 바이러스는 죽을 것이다, 숨을 참아라, 모기가 전파한다, 15분마다 물을 마셔라…. 근거 없는 '카더라' 정보가 끝도 없이 이어진다. 이 모든 것은 가짜뉴스가 되어 사람들을 현혹한다.

슬라보예 지젝   무슨 일이 벌어지는지 정확히 모를 때 또는 너무나 비정상적인 일이 발생할 때 음모론이 폭발적으로 등장하곤 합니다. 누가 팬데믹의 책임이 있는지, 중국 정부인지, 제약 회사의 농간인지, 누가 이 일로 이득을 얻는지, 팬데믹을 이용해 우리 모두를 통제하고 자유를 억제하려는 어둠의 세력이 누구인지 등등. 다른 방식은 언급할 필요도 없이 음모론이 판을 치고 있는 형국입니다. 문제를 대면하지 않고 회피할 수 있는 가장 쉬운 방법이기 때문에 그렇습니다. 음모론으로 도피를 하는 거예요. 남 탓을 하는 거죠. 우리와 대치하고 있는 다른 정당이나 정부에게요. 그에 대한 결과는 가히 재앙이라고 할 수 있습니다.

일부 사람들은 바이러스의 위험성이 미디어에 의해 과대포장됐다고 주장한다. 그리고 백신이 등장하자 백신 접종에 대한 불신이 퍼졌다. 정보의 전염병, 인포데믹스Infodemics가 극성을 부렸다. 인포데믹스는 정보Information와 전염병Epidemics의 합성어로, 추측이나 부정확한 정보가 인터넷이나 휴대폰을 통해 전염병처럼 빠르게 확산되는 현상을 말한다. 이는 개인의 사생활 침해는 물론 경제, 정치, 안보 등에 치명적인 영향을 미친다. 바네사 캐리는 백신에 대한 불신이 코로나 종식을 가로막는 데 치명적이라고 말한다.

바네사 캐리　인구의 상당수가 백신에 대한 잘못된 정보로 인해 우려를 갖게 되고, 이런 정보에 근거해 백신 접종을 원하지 않게 되면 코로나 종식에는 큰 장애가 될 겁니다. 이는 보건의 심각한 위기일 뿐 아니라, 결국 정치적인 분쟁과 분열로도 이어질 것이고요.

　　팬데믹의 위기 속에서는 사람들이 신뢰할 수 있는 정확한 정보를 통해 과학적인 과정을 이해할 필요가 있습니다. 이는 지속적인 학습이며, 시간이 지남에 따른 더 많은 데이터와 수치가 모일수록 더 정제되고, 더 많이 이해할 수 있어요. 그러려면 우리가 더 많이 학습해야 합니다. 사람들이 중요하고 확실한 과학적 근거로 사실을 이해해야 합니다.

앞서 2부에서 우리는 AI의 발달과 위협에 대해 짚어봤다. 하지만 수바라오 캄밤파티는 그보다 무서운 건 AI를 통한 거짓 정보라고 경고했다. 바로 딥페이크Deepfake와 헤드페이크Headfake. 딥페이크는 AI 기술로 제작된 가짜 동영상을 말한다. 그리고 이 딥페이크를 통해 잘못된 지식을 머리에 심는 것을 캄밤파티는 헤드페이크라고 부른다.

수바라오 캄밤파티　제가 걱정하는 부분은 잘못된 정보들, 즉 딥페이크와 헤드페이크입니다. AI 시스템이 편견을 학습해서, 특정 편견을 우리 사회에 퍼뜨리는 거죠. 기계들이 단지 슈퍼 지능을 갖춘다는, 일종의 실존주의적인 걱정에 시간을 낭비하기보다는, 이처럼 좀 더 직접적인 위협에 대해 생각해봐야 합니다. 현재 AI 시스템은 우리의 삶을 디지털 발자국을 통해 학습합니다. 그래서 우리에게 편견이 있으면, AI 시스템이 그 편견을 똑같이 학습하게 되는 거죠. 인종차별, 소수민족 차별, 성차별 등 데이터가 이런 내용을 담게 되고, 계속 시스템을 훈련시켜서 결국 온갖 고정관념들을 가지게 될 겁니다. 이 시스템이 결국에는 그 고정관념을 사용해서, 우리의 일상의 일부가 될 거고요.

AI 기술은 영상과 오디오를 매우 파급력 있게 조작할 수 있다. 대표적인 예로 딥페이크를 통해 특정 인물이 하지 않은 말을 조작할 수 있는데, 이는 우리가 자신의 눈과 귀를 더 이상 신뢰할 수 없게 만든다. 만약 오바마 전 대통령이 하이드로클로로퀸(말라리아 치료제로, 코로나19에 특효약이라는 근거 없는 정보가 퍼지면서 전 세계적으로 큰 혼란이 빚어졌다)이 마법의 약이라고 말하는 영상을 만들어 배포한다면 어떨까. 오바마를 신뢰하는 많은 사람들이 그 말을 기정사실화하여 전적으로 믿게 될 위험이 크다. 그런데 아이러니하게도 이런 인포데믹스를 막을 수 있는 것 역시 AI 기술이다.

수바라오 캄밤파티　딥페이크와 헤드페이크에 대항하기 위해서는, 잘 못된 정보에 대항하는 AI 기술을 사용해야 할 겁니다. AI 기술들이 짚어낸 가짜뉴스의 양은 2배 증가했으며, 그중 일부는 다른 목적으로 만들어졌는데요. 바로 특정 유형의 기사와 소셜미디어 메시지를 주고, 실제 잘못된 정보로 이끌도록 설계되었죠. 트위터와 페이스북을 포함한 모든 소셜미디어 회사에서는 AI 기술을 이용해 이런 잘못된 정보를 잡아내고 있습니다. 그다음에 실제 사람이 개입하여 해당 게시글을 삭제할지 여부를 결정하죠. 인포데믹스는 이번 팬데믹 속에서 이렇게 다루어졌습니다.

딥페이크 기술. 내가 하지 않은 말인데도, 내가 그 말을 한 것처럼 만들어버리는 무서운 기술이다. 가짜뉴스가 쌓이면 이제 그것이 하나의 흐름을 만들고, 편견을 만들며, 고정관념을 탄생시킨다. 이제 그런 가짜뉴스들이 공공연하게 공적 영역을 침범하기 시작했다. 이들 가짜뉴스의 창구는 바로 스마트폰 속의 소셜미디어다.

소셜미디어의 역설

유튜브, 페이스북, 트위터, 인스타그램, 틱톡…. 전 세계의 많은 사람이 사용하는 소셜네트워크서비스Social Network Services, 이하 SNS다. 이제 누구나 미디어가 될 수 있는 시대. 기술의 발전이 음모론과 가짜뉴스를 퍼뜨리는 데 활용되면서 훨씬 더 위험해졌다. 미디어의 민주화로 보였던 이런 현상이 오히려 저널리즘의 위기이자 민주주의의 위기라고 마르쿠스 가브리엘은 지적했다.

마르쿠스 가브리엘 흔히 사람들은 소셜미디어를 사용할 때 값을 지불하지 않기에 공짜라고 생각하는 경향이 있습니다. 그게 일종의 속임수입니다. 알고리즘이나 데이터들을 이용 및 구독했을 때 질적 수준이 높은 콘텐츠를 찾기가 더 어려워집니다. 현대 사회에서는 소셜미디어를 통해 어디에서 무얼 하는지 댓글로 남거나 확인하곤 합니다. 그러다가 코로나 관련 뉴스거리라도 발생하면 사람들이 팬데믹 방역을 신경을 쓰기보다는 찌라시에 팔로잉을 날리게 되고, 감염이 계속해서 일어나는 중에도 찌라시를 소비하고 있는 거죠. 그렇기 때문에 뉴스와 실제 상황 사이의 혼란이 발생하게 됩니다.

팬데믹 기간 동안 사람들이 스크린 앞에서 보내는 시간이 많아지면서 이런 현상이 더욱 악화되고 있습니다. 더 많은 데이터와 알고리즘을 양산하고, 더 많은 양극화, 고정관념을 낳고 있죠. 현실과 뉴스에서 보여주는 현실 사이의 편차가 점점 벌어지기 때문에 지극히 위험한 과정이라고 볼 수 있습니다.

예를 들어 제가 바르셀로나에서 독일로 막 돌아왔을 때, 독일 사람들 대부분이 지금 스페인에서 많은 사람들이 죽고 난리가 난 줄 알고 있었습니다. 하지만 당시 스페인의 사망자 수 자체는 감소하는 추세였고, 이미 많은 사람들이 파티도 즐기고 있었어요.

하지만 독일 뉴스에서는 스페인이 마치 감염 지옥인 것처럼 묘사되고 있었죠.

이와 유사하게 여러 지역에서 현재 현실과 미디어에서 보여주는 것의 간극이, 근본적인 알고리즘 구조 때문에 유례없이 커지고 있습니다. 페이스북의 알고리즘은 틴더의 알고리즘과 비슷합니다. 매력적이냐 그렇지 않느냐로 결정되는데, 여기서 고정관념이 나오는 거죠. 우리가 생각하기에 매력적이라고 느끼는 것들을 1분 만에 분류한다는 뜻은, 객관적인 매력에 의한 것이 아니라 실은 자신이 매력적이라고 느끼는 편견에서 비롯됩니다. 불과 영점 몇 초 만에 벌어지는 이러한 시스템이 우리를 깊숙이 조종하는 거죠.

소셜미디어는 사람들을 편협하게 그리고 잘못 만들어진 고정관념으로 분류합니다. 이걸 정체성이라고 부르는데, 소셜미디어가 진실이 무엇인지를 고려하는 우리의 사고방식을 무너뜨립니다. 이렇게 되면 진실이 드러나는 것을 방해하는, 인류 역사상 가장 최악의 상황이 나타나겠죠.

지금 정말로 위험한 것은 국가가 아니라 바로 이들, 통제되지 않는 미디어인지도 모른다. 지금 이 순간에도 세계의 수많은 개인 미디어들이 가짜뉴스와 음모론을 양산해내며 국가와 민주주의를 위협하고 있다. 이택광 교수는 매체의 다양화가 오히려 표현의 자유에 해가 되는 현상을 지적한다. 그렇다고 해서 국가가 음모론을 관리해서는 안 되고 할 수도 없다. 해결책은 사회적 공론화를 통해 정론을 만들어내는 것이다.

이택광　미디어가 새로운 정보를 준다고 보면 안 됩니다. 미디어는 새로운 것을 우리가 알고 있는 방식으로 우리에게 전달하는 수단입니다. 대표적인 건 편집이죠. 우리가 생경한 상황에 맞닥뜨렸을 때, 이미 알고 있는 범주에 맞춰서 그 상황을 이해하도록 설계됐거든요. 그래서 기술에 대한 과신을 보완할 수 있는 복합적인 사유방식이 필요한 겁니다. 매체의 다양화와 매체가 가진 문제점을 지적하는 비판적 사고가 복합적으로 작동돼야만, 이런 문제들을 해결할 수 있어요. 이 둘이 균형을 이루는 게 중요합니다. 미디어가 발달할수록 표현의 자유가 보장되는 게 아니라, 역설적으로 미디어가 발달하고 개인화될수록 이런 문제가 더 크게 생긴다는 지점에 대해 고민해볼 필요가 있어요.

국가가 직접적으로 음모론을 관리하는 것은 바람직하지 않습니다. 왜냐하면 음모론이라는 것은 궁극적으로 국가권력에 대한 의심이거든요. 그렇기 때문에 국가가 관리하고 나서면 음모론이 사라지기는커녕 더욱 강한 확신을 획득하게 되죠. 사실 정치적인 발전 과정은 오해에 기반을 두고 있기 때문에 음모론 자체가 문제라고 말할 순 없어요. 오히려 음모론을 만들어내고 있는 구조가 더 근본적인 문제라고 봐야 합니다.

이러한 맥락에서 음모론은 어두운 측면뿐만 아니라 긍정적인 효과도 있다고 볼 수 있습니다. 따라서 음모론 자체를 없애기 위해

서는 국가가 그걸 직접적으로 통제하기보다, 음모론이 깃들 수 있는 여러 가지 가능성에 대해서 공론이 작동하도록 만들면 됩니다. 미디어가 그런 공론의 장場을 마련해주고, 토론과 수기가 이루어질 수 있도록 만들어주는 역할을 해야 하는 거죠. 지금이야말로 '정론'이라 부르는 언론의 기능이 더욱 요구되는 때입니다.

'세 사람만 우겨대면 없는 호랑이도 만들어낼 수 있다.' 여러 사람이 떠들어대면 없는 말도 쉽게 생겨난다는 우리 속담이다. 소셜미디어는 이를 증명해주고 있다. 유튜브와 트위터, 페이스북 같은 소셜미디어는 정보 획득을 용이하게 해준 반면 이런 부작용을 낳았다. 이제 이런 소셜미디어를 소유한 기업으로 시선을 돌려보자.

국가보다 강한 미디어의 힘

페이스북에 가입을 한다. 지역과 나이, 교육, 직장, 관심사 등을 체크한다. 그러면 광고주는 이 정보를 사용해 정교한 타기팅을 한다. 소셜미디어의 발달은 마이크로 타기팅에 날개를 달아주었다. 마이크로 타기팅은 이렇게 작은 정보의 힘을 이용하는 마케팅 방법이다. 타깃을 명확하게 한정 짓고 집중 공략하는 것이다.

우리는 관심 있는 정보를 보기 위해 스스로 이런 정보를 등록한다. 유튜브 알고리즘 또한 우리가 관심 있어 할 만한 동영상을 추천해준다. 이처럼 우리의 관심사를 간파한 동영상들을 끊임없이 보게 된다. 만약 가짜뉴스를 한 번 봤다면, 계속해서 추천해주는 가짜뉴스의 늪에 빠질 수도 있다.

수바라오 캄밤파티　마이크로 타기팅은 기본적으로, 사용자의 모델을 만들어 그들이 좋아하는 것과 그들이 더 믿을 만한 이야기를 들려주는 일입니다. 사용자의 행동에 기반하여, 어떤 주제의 영상이나 기사를 좋아할지 알아내고, 관련 정보에 대해 더 많이 알려주죠. 이것이 바로 페이스북이나 유튜브 등 여러 비디오 사이트와 소셜미디어 사이트 모두에서 사용하는 방법입니다. 예를 들어, 피겨 스케이팅 영상을 봤다고 해보죠. 유튜브에서는 우리가 보고 싶어 할 만한 18개의 다른 피겨 스케이팅 영상을 보여줍니다. 그리고 아주 빠르게, 피겨 스케이팅 영상의 취미에 푹 빠지게 만듭니다.

모든 사람이 불가피하게 이 알고리즘의 조작을 받게 됩니다. 단순하게 페이스북을 사용하는 한 사람을 다른 회사가 조작해야겠다고 결정하는 게 아니에요. 알고리즘이 모든 사용자의 행동을 보고, 자신들을 위해 각 사용자의 행동 정보를 최적화하는 것입니다. 근본적으로, 우리는 자신이 원하는 것을 본 게 아니라 알고리즘이 내게 바라는 대로 해왔던 겁니다.

전 세계적으로 이런 일에 부작용이 있다는 사실을 이제는 깨닫고 있습니다. 심지어 페이스북 당사와 다른 회사들도 타기팅한 광고를 줄여나가겠다고 발표하기도 했죠. 제 생각에 최선은, 일단 대중들이 이 부작용을 이해하고, 국가적 차원에서 더 좋은 가이드라인과 입법을 통해 회사가 따라야 할 최소한의 규제를 만드는 겁니다. 지금 회사들은 따라야 할 규제가 없어요. 누구도 이게 나쁜 짓이라고는 하지 않았거든요.

앞서 우리는 정부가 개인의 정보를 수집하고 공개하는 것이 과연 옳은가 하는 문제에 대해 생각해봤다. 그런데 사실 우리에 대해 더 많은 정보를 가지고 있는 쪽은 따로 있다. 바로 이들, 우리가 스마트폰 속에서 매일 만나는 이 기업들을 흔히 '팡FAANG'이라고 부른다. 미국 IT 산업을 주도하는 대표 기업이자 가장 인기 있는 전통 기술주 5개, 페이스북(Facebook), 애플(Apple), 아마존(Amazon), 넷플릭스(Netflix), 구글(Google)을 통칭하는 키워드로, 각 회사명의 맨 앞 글자를 땄다.

Facebook　Apple　Amazon　Netflix　Google

　이 기업들은 개인이 정보를 공개하지 않았는데도, 나이, 성별, 결혼 여부, 자녀 여부, 수입의 정도, 주택 소유의 여부, 학력, 다니고 있는 회사의 규모, 수입의 정도, 심지어 반려동물을 키우는지도 추측해낸다. 더욱 놀라운 사실은 그 추측들이 실제와 상당히 근접한다는 것이다.

　이택광　사실 지금 개인정보를 수집하거나 행동 자체를 데이터화해서 활용하고 있는 집단은 국가라기보다는 오히려 구글 같은 글로벌 회사들이죠. 글로벌 회사가 개인의 데이터를 모아서 무얼 할까요? 빅브라더의 환상을 가지고 있는 사람들은 흔히 구글이 그 정보를 전부 다 활용해서 나의 일거수일투족을 다 점검하고, 나를 세뇌해서 여러 가지 비밀을 캐낼 거라고 생각하는데요. 그게 꼭 틀렸다고만 할 순 없겠지만, 우리가 생각하는 것만큼 단순하게 작동하지 않습니다. 구글이 빅데이터라는 이름으로 사용자의 행동 데이터를 모으고 있는 건 사실이죠. 하지만 빅데이터가 구체적으로 작동해서 개인을 세뇌시키는 게 아니라, 개인 스스로가 구글이 만들어놓은 빅데이터에 적응하도록 만들고 있어요.

구글을 사용함으로써 편리성을 획득하고, 그 편리성의 대가로서 자신의 또 다른 행동 데이터를 제공하는 것입니다. 다시 말해, 구글은 행동 데이터를 직접적으로 파는 게 아닌, 그 데이터를 통해서 아키텍처Architecture, 일종의 시스템 구조를 만드는 겁니다. 사용자의 행동 양식을 예측하고, 그걸 데이터화해서 파는 거죠.

팬데믹도 마찬가지지만 기술이라는 것은 절대 인간의 앎을 모두 범주화할 수가 없어요. 기술은 인간 자체를 완벽하게 파악하는 수단이 아닙니다. 지금 구글 사이트에 접속하여 본인의 이름을 한번 검색해보세요. 검색 결과는 나오지만, 본인에게는 해당하지 않는 정보가 많다는 걸 알 수 있어요. 그러니까 개인에 대한 정보를 구글이 완벽하게 알지 못하는 셈입니다. 반면에 우리는 자신의 정보를 구글 사이트에 입력해서, 스스로 그 정보를 제공하고 있죠.

네이버도 마찬가지입니다. 네이버 사이트에 접속하면 '내 정보 수정하기'라는 항목이 있습니다. 네이버에 자신의 이름이 입력된 자체가 하나의 범주화이고, 그 범주화에 협조함으로써 자신에 대한 더 정확한 정보를 알리도록 기술이 우리에게 강요하고 있는 겁니다.

우리가 기술사회를 우려할 때 고민해야 할 문제는 바로 이거죠. 기술을 너무 과신하고 기술의 편리성을 이용하는 것은 좋지만, 기술이 요구하는 바를 절대적으로 받아들일 때, 이 사회가 가지고 있는 탄력성과 괴리될 가능성이 커집니다. 그게 위험한 거예요.

소위 카파GAFA라고 불리는 구글, 애플, 페이스북, 아마존은 팬데믹 동안 이익이 더 증가했다. 코로나 여파로 재택근무와 온라인 소비가 느는 등 반사이익을 얻은 것이다. 마르쿠스 가브리엘은 소셜 미디어를 '카지노'에 비유했다. 사람들은 글을 쓰거나 사진을 올리면서 도박에 참여한다. 열심히 팔로어를 모으고 조회 수를 올려서 잭팟을 터뜨리는 사람도 있다. 하지만 가장 큰 이익을 얻는 것은 결국 카지노를 운영하는 자다.

마르쿠스 가브리엘　근본적인 문제, '테크노모노폴리Techno Monopoly'는 미국도 문제지만 중국에서도 갈수록 문제가 되고 있습니다. 기술 독점 문제는 우리를 디지털 프롤레타리아 계급으로 만든다는 겁니다. 그 말인즉슨, 디지털 착취를 당한다는 의미죠.

우리가 줌 인터뷰를 통해 정보를 만들고, 이렇게 데이터를 생산해주면 잉여 재산가치도 생성해내는 겁니다. 만약에 플랫폼이 없다면 누군가는 플랫폼을 만들어 그것을 통해 이윤을 획득합니다. 줌이나 페이스북에도 직원들이 있을 테니, 이 직원들에게 월급을 주려면 주주들과 사장도 있어야 하고요. 생산 사슬을 만들려면 우선 착취 구조가 형성되어야 합니다. 착취되는 사람은 이용자들이고, 바로 우리가 여기서 가장 심하게 착취당하는 사람들인 거예요. 이걸 막는 길은 우리가 인식을 하는 겁니다.

이를 척결하려면 우선 책임감 있게 행동해야 합니다. 헤로인 마약 규제를 어떻게 해야 가장 효과적일까요? 헤로인을 복용하지 않는 게 가장 좋은 방법이겠죠. 헤로인에 대한 규제를 어떻게 할 것인가 논의하는데, 헤로인 규제 자체는 별 효과가 없어요. 소셜미디어를 다룰 때도, 더 괜찮은 플랫폼을 만드는 것처럼 민주주의적이고 점진적인 해결방책이 있을 겁니다. 하지만 현재로서는 착취 문제가 굉장히 심각한 상태입니다.

아마존 최고경영자인 제프 베이조스는 팬데믹 기간 동안 몇조 원을 가진 부자가 되었고, 차원이 다른 수준의 착취 구조에 이르렀습니다. 이에 저는 팬데믹을 통해 이윤을 많이 얻은 사람은 그 수익에 대해 상당한 책임을 져야 한다고 생각합니다. 자본주의를 거스르라는 말이 아니에요. 단순히 부자들한테 돈을 많이 뜯어내라는 게 아닙니다. 더 나은 미래 번영을 위해서 공정한 수준에서 책임을 져야 한다는 말입니다. 그다음으로 더 나은 시스템을 구축해야 합니다. 저는 고대 그리스 광장 '아고라'에서 따온 아고라 시스템을 줄곧 주장해왔는데, 아고라 시스템에서는 헤이트 스피치Hate Speech, 즉 혐오 발언을 허용하지 않습니다.

알고리즘을 이용해 모욕 및 욕설을 불가능하게 만드는 것이 아주 어려운 일은 아니거든요. 알고리즘 시스템으로 토론의 질을 향상시키는 것이 필요합니다. 절대 불가능한 이론이 아니에요. 그렇게 만들지 않을 뿐이죠.

사실 누구도 우리에게 정보를 제공하라고 강요하지는 않는다. 우리 스스로 제공하는 것이다. 이유는 단 하나, 이 기업들의 시스템을 쓰지 않으면 사는 게 매우 불편하기 때문이다. 우리가 할 수 있는 일은 목소리를 내는 것이다. 소셜미디어에서 맞춤형 광고의 문제는 끊임없이 제기되었고, 구글은 8월, 18세 미만 청소년에게는 관심사를 기반으로 한 맞춤형 광고를 하지 않겠다고 발표했다. 가짜뉴스에 대해서도 소셜미디어가 책임이 있다는 목소리가 높아지면서 유튜브와 페이스북, 트위터는 코로나와 관련한 가짜뉴스를 차단했고, 최근 유튜브는 코로나 백신이 효과가 없거나 위험하다고 주장하는 콘텐츠들을 차단했다.

글로벌 빅테크 기업에 대한 규제의 움직임도 전 세계에서 일어나고 있다. 미국에서는 이들 기업들의 독점적 지위 남용을 막기 위한 규제 법안이 나온 상태다. 유럽연합의 경우 2010년부터 거대 플랫폼 기업의 독과점 조사를 시작했다. 우리나라에서도 최근 카카오나 네이버의 독점을 정부가 막아야 한다는 목소리가 나온다.

팬데믹은 전에 없던 문제와 생각할 거리를 제공해주었다. 팬데믹 이후에 새로운 리더십이 필요하다는 것은 많은 석학이 강조한 것이기도 하다.

슬라보예 지젝　악랄한 정부가 시민사회를 통제 장악하려는 것이 문제가 아닙니다. 몇몇 국가들, 최소한 현 유럽 국가들의 약점은 정부의 무능력함입니다. 새로운 통제 체제가 실현되고 있는데도 유럽의 정부 각 부처의 기관들은 여전히 팬데믹 방역을 원활하게 하고 있지 못합니다. 그러니까 정부, 행정, 공공기관 등지의 혼란과 무능력함이 가장 큰 문제라고 봅니다.

지젝의 말처럼 우리는 유능하고 효율적인 국가를 원한다. 리더십에 따라 위기에 대한 대응이 얼마나 달라지는지 피부로 느꼈기 때문이다. 포스트코로나 시대에 국가는 어떤 역할을 해야 할까? 코로나19 이후 디지털 전환에 대한 국가의 대응은 국민의 생존과 행복에 큰 영향을 끼칠 것이다. 또한 작은 정부의 시대가 가고 큰 정부의 시대가 올 것이라고 많은 사람이 예측한다.

10장

팬데믹 이후 국가는 국민을 어디까지 통제할 것인가

디지털 국가의 탄생

우리나라를 비롯한 민주주의 국가에서 공공이 취득하는 정보의 최종 목적은, 그 정보를 공공에 다시 환원하는 것이다. 공공의 이름으로 이뤄지는 추적 시스템은 상대를 가려가며 추적하지 않는다. 무차별적으로 모으고 무차별적으로 수집한다. 그 정보들이 모이면 하나의 패턴이 생기고 질서가 만들어진다. 공개할 수 없는 작은 단위의 개인정보를 골라낸 나머지의 정보들, 이것들이 모이면 공공데이터가 된다.

마스크앱을 기억할 것이다. 국가가 가지고 있는 공공데이터가 가장 잘 활용된 대표적인 경우다. 사태의 본질은 간단했다. 마스크 수급 불균형. 그 문제를 해결하기 위해선 필연적으로 개방되어야만 할 데이터가 있다. 코로나 초기 마스크 대란 속에서 신속한 마스크앱 개발을 이끈 한국정보화진흥원 문용식 원장의 말을 들어보자.

문용식   방역에 커다란 위기 순간이 언제였냐면 마스크 대란 때였어요. 대구 신천지에서 확진자가 수천 명씩 쏟아져 나올 때, 국가적

으로 위기 상황이었죠. 그래서 내린 방침이 약국을 통해서 주 5일제 제한 판매를 하자는 결정이었어요. 이 정책을 실행하려면 우선 마스크 공장에서 전국에 깔려 있는 수만 개 약국까지 마스크를 공급하는 생산배달 물류시스템을 준비해야 하고, 두 번째로는 약국에 보급된 마스크를 시민들이 살 수 있는지 없는지, 재고를 확인할 수 있는 정보를 제공해야 하는데, 그게 바로 마스크앱이었죠.

마스크앱은 정부가 가지고 있던 공공데이터와 시민 개발자의 발 빠른 개발 능력, 그리고 민간 IT기업의 자원이 결합하여 성공적으로 서비스될 수 있었습니다. 일종의 전환점 같은 사건이었다고 생각해요. 많은 나라가 이 사례를 따라 하고 싶어도, 인프라와 시스템이 구축되어 있지 않으면 발 빠르게 실행할 수 없습니다.

공공데이터란 공공기관이 법규에 따라 산출하거나 수집해서 전자상으로 보관, 관리하고 있는 정보를 말한다. 그중에서 개인정보나 민감정보 등은 개방할 수 없지만 개방해도 좋은 데이터는 적극적으로 개방하는데, 그걸 '오픈 데이터Open Data'라고 한다.

정보사회에서 어차피 위험은 상존한다. 우리는 하루에도 수십 번씩 어딘가로 접속해 정보를 구한다. 그 정보를 추적하고, 추적하고, 또 추적하면 그 끝에서 특정한 개인정보가 나올 수도 있다. 이러한 위험을 제거해가는 수단들이 바로 제도이고, 규칙이며, 약속이다. 더군다나 4차 산업혁명 시대에 디지털 인프라 구축은 상당히 중요한 경쟁력이 될 것으로 보인다.

문용식　대한민국은 전 세계에서 손꼽히는 디지털 강국이에요. 그중에서도 특히 네트워크 인프라 강국이고요. 이동 중에 지하철이나 시내버스 안에서도 와이파이가 터지는 나라는 전 세계에 우리나라밖에 없어요. 또한 플랫폼 강국이기도 합니다. 소프트웨어나 원천기술 부분에서는 조금 뒤처질지 모르겠지만 이걸 산업사회에 활용하는 능력, 즉 소프트웨어의 활용 역량에 있어서는 굉장히 창의적이라는 강점이 있습니다. 앞으로는 모든 사회간접자본Social Overhead Capital, 이하SOC이 디지털 형태일 것이고, 이에 5G IOTInternet of Things와 AI 데이터 클라우드 등이 미래의 SOC 인프라이기 때문에, 이 부분에 집중적으로 투자하고 개발할 필요가 있습니다.

코로나 팬데믹에서 대한민국이 다른 나라와 달랐던 가장 대표적인 특징은 소위 록다운 없이, 정상적인 경제활동과 일상을 유지하면서 방역에 성공했다는 점입니다. 그게 K방역 모델로서 세계가 인정하는 성과이기도 하고요. 그게 가능하게 만든 근본적인 힘은 뛰어난 디지털 역량입니다. AI 인식 기술을 바탕으로 해서 코로나 진단키트를 세계 최초로 만들지 않았습니까. 확진자 동선을 추적해서 확진을 방지하는 시스템을 갖춘 배경 역시 모두 디지털의 힘입니다. 방역을 바탕으로 경제를 회복하고, 미래 혁신 성장을 더욱 굳건하게 하자는 취지에서 디지털 뉴딜이라는 국가적인 사업을 추진하고 있는 거고요.

코로나 팬데믹 과정에서 우리나라는 뛰어난 디지털 역량, 우수한 행정 시스템, 마지막으로 국민의 적극적인 참여의식으로 전 세계의 이목을 끈 바 있습니다. 이후에 다가올 포스트코로나 시대 즉, 디지털 르네상스 시대는 대한민국이 세계를 선도하는 국가가 될 수 있지 않을까 하는 기대도 가져봅니다.

우리나라뿐만이 아니다. 현재 세계 각국에서는 각종 도시 문제를 해결하고 성장의 동력을 마련하기 위해 스마트시티 구축에 나서고 있다. 인구 132만 명의 작은 나라 에스토니아는 전 세계적으로 가장 발달한 디지털 인프라를 갖춘 나라다. 에스토니아는 2000년 세계 최초로 '인터넷에 대한 접근은 인간의 권리'임을 선언했고, 인터넷에서 새로운 기회를 찾았다. 에스토니아의 사례를 통해 디지털 국가의 미래를 엿보자.

1991년 소련 연방의 해체로 독립을 이룬 에스토니아. 이후 에스토니아는 디지털 혁신에서 성장의 돌파구를 찾았다. 정부 주도로 IT 산업을 육성하고, 디지털화를 진행했으며, 전 계층을 대상으로 기초 소프트웨어 교육을 실시했다. 그 결과 독립한 지 20여 년 만에 1인당 GDP가 15배 이상 성장해 약 2만 달러에 이르렀다. 에스토니아 정보기술부 장관 안데레스 스위트의 말을 들어봤다.

안데레스 스위트 　 에스토니아는 독립을 하자마자 국가적으로 디지털화 사업에 착수했습니다. 국가자금이 상당히 부족했기에 효율성을 높여야 한다는 목소리가 많았고, 무엇보다 기술이 가져다주는 새로운 기회에 빨리 적응해야겠다는 욕심도 있었습니다. 핀란드나 노르딕 국가들을 본보기로 삼으며, 이들을 따라잡겠다는 목표를 세우기도 했죠. 세상에 대한 열린 마음과 위험을 마땅히 감수하겠다는 의지가 우리의 디지털 성장을 이끈 결정적인 원동력이었습니다.

에스토니아의 공공서비스 중에 99%는 디지털화가 되어 있어, 개인은 물론 기업들은 정부와 디지털 차원에서 소통이 가능하다는 장점이 있습니다. 서류를 디지털 방식으로 서명할 수 있고, 결제도 디지털 방식으로 할 수 있죠. 또, 은행 거래 중 대부분이 디지털 방식으로 이뤄집니다. 민간 부문에도 디지털 서비스를 제공했는데, 특히 팬데믹 시기에 온라인 거래 서비스가 늘어나면서 사회 전체에 도움이 많이 되었습니다.

저는 디지털이란 일상생활에서 비롯된다고 봅니다. 그리고 이 것이 에스토니아가 디지털 국가로 불리는 이유를 한마디로 설명하는 것 같고요. 에스토니아 시민들은 젊은 층은 물론 노인층도 대부분 디지털 활용 능력이 뛰어납니다. 그러다 보니 개인의 차원에서 기회가 많아지는데, 이게 결국 디지털 사회의 가장 큰 장점이라고 생각합니다.

에스토니아에서는 금융 거래의 99%, 세금 신고의 95%가 온라인으로 이뤄지고 있다. 또 2014년 이레지던시E-Residency 제도를 도입했다. 이레지던시는 쉽게 말해, 전자영주권이다. 에스토니아 사람이 아니더라도, 에스토니아 영토 안에 살지 않더라도 전 세계 어디서나 신청할 수 있으며, 에스토니아에 거주하는 시민들과 똑같은 서비스를 이용할 수 있다. 이 프로그램은 현재 약 8만 명의 사용자가 있다. 그리고 약 1만 7,000개 회사가 에스토니아에서 창업했다. 에스토니아라는 나라 자체는 작지만 디지털에서 영토를 확장하는 것이나 다름없다. 국경 없는 디지털 사회를 만드는 아주 흥미로운 시도다.

그 외에도 에스토니아는 선거에 전자투표E-Voting 시스템을 도입했다.

안데레스 스위트　에스토니아의 모든 시민은 신원을 식별할 수 있는 고유의 신분증을 갖고 있기 때문에 전자투표를 할 수 있습니다. 그렇다고 해서 더 이상 전통적인 투표 방식을 사용하지 않겠다는 뜻은 아닙니다. 시민들은 여전히 투표장에 가서 직접 투표할 수 있습니다. 물론 지난 대선에서 인구의 약 절반 이상이 전자투표를 하긴 했지만요.

이 전자투표는 민주주의의 중요한 조력자 역할을 했습니다. 예전에는 비가 오거나 다른 걸림돌이 있으면 사람들이 투표하러 잘 안 나왔거든요. 하지만 집에 있으면서 신원을 확인하고, 후보자를 선택하고, 투표하는 과정이 고작 몇 분밖에 안 걸리니, 실제로 선거 때 투표율을 올렸죠. 그리고 이 모든 것은 강력한 보안장치 시스템이 설치되어 있었기에 가능했습니다.

약 25년 이상 디지털 사회를 건설한 에스토니아의 경험은 팬데믹 상황에서 크게 도움이 되었다. 의학 분야에서도 디지털화해서 전자 건강기록 시스템을 제공하고 있는데, 디지털화된 의료제도와 의료기록 덕분에 코로나 사태도 잘 대처할 수 있었다. 세상은 점점 디지털화되어 가고 있고, 이는 의료에도 동일하게 적용된다.

안데레스 스위트   전자상으로 보건 데이터를 확인할 수 있는 게 얼마나 중요한지, 이번 코로나를 겪으면서 직접 확인할 수 있었습니다. 예방접종을 하는 경우, 각 병원에서 지역 사람들의 건강 데이터를 가지고 있었기에 훨씬 더 많은 일들을 편하게 할 수 있었죠.

물론 건강 데이터는 중요한 개인정보이기 때문에 기본적으로 보호 강도가 높으며, 필요한 경우에 개인은 의사가 자신의 건강 데이터에 접근하는 것을 직접 막을 수 있어요. 또 의사가 약을 처방할 때, 처방받은 사람은 약국에 가서 신분증만 보여주면 알맞은 약이 실제로 제공됩니다. 이 시스템은 국경을 넘어서도 작동되고요. 핀란드와 협정을 맺은 이후, 에스토니아와 핀란드 양국에서 모두 처방받을 수 있어요. 핀란드 사람은 에스토니아 약국에서도 동일한 처방을 받을 수 있고, 마찬가지로 에스토니아 사람 역시 핀란드에서 약을 구매할 때 똑같이 적용됩니다.

코로나는 모든 국가와 마찬가지로 에스토니아에도 큰 피해를 줬습니다. 만약 우리가 디지털 보건 시스템이나 디지털 사회를 미리 구축하지 않았더라면, 팬데믹을 겪는 게 훨씬 더 힘들었을 겁니다. 이제는 더 나아가 우리가 배운 것으로부터 무엇을 더욱 업그레이드하고 개선해야 할지 모색 중입니다.

그런데 이러한 디지털화 과정에서 국민의 저항이나 거부감은 없었을까? 에스토니아 정부는 개인정보에 대한 국민의 우려를 고려해, 법과 제도를 고쳐 개인정보 보호를 강화했다. 누가 내 정보에 접근했는지 개인이 확인할 수 있고, 자신의 개인정보를 통제할 수 있으며, 불법적인 법근은 처벌할 수 있게 했다. 스위트는 디지털 혁신을 위해서는 법과 제도가 뒷받침되어야 한다고 말한다. 이런 보안 조치가 국민에게 안정감을 주고 정부를 믿을 수 있게 해준다.

안데레스 스위트　우리가 성공한 원인 중 하나는 정부와 국민이 서로 신뢰하고, 투명성을 중대한 가치로 여겼기 때문입니다. 데이터는 시민의 것이고, 소유권을 가진 자도 언제나 시민들입니다. 따라서 정부 측에서 누가 개인정보에 접근했는지 언제든지 볼 수 있습니다. 그게 중요합니다. 합법적인 거주 확인이든 고용 상태 확인이든 필요한 경우에, 에스토니아 시민들은 본인 개인정보를 누가 디지털 방법으로 접근했는지 볼 수 있어요. 정부가 아니라 시민들이 데이터의 소유권을 갖고 있습니다.

4차 산업혁명 시대에 국가 경쟁력을 위해서는 디지털 혁신이 필요하다. 그러나 이것은 안전성과 투명성을 담보로 해야 한다. 에스토니아는 이제 유럽에서 내로라하는 디지털 강국으로 우뚝 섰다. 우리나라도 에스토니아처럼 할 수 있을까? 우리도 에스토니아 못지않은 IT 강국이다. 하지만 디지털 국가가 되기 위해 문용식 원장은 정치적 리더십이 중요하다고 강조한다.

문용식　대한민국도 에스토니아 못지않은 디지털 강국이에요. 예를 들면 에스토니아는 전 국민에게 디지털 ID를 새로 발급한 뒤 그걸 가지고 모든 전자정보시스템을 쓰도록 돼 있는데, 대한민국은 그 전부터 주민등록번호라는 확고한 신원확인 체계가 있었죠. 또, 에스토니아는 워낙 소국이라서 시험적인 시도를 발 빠르게 할 수 있지만, 우리나라는 5,000만 국가이다 보니 안정성 면에서 그런 시험적인 일은 힘들다는 한계가 있습니다.

제 생각에 에스토니아가 신선한 시도를 할 수 있었던 데에는 정치 리더십이 중요하게 작용하지 않았나 싶습니다. 독립 초기에 디지털 강국으로 가자는 정책 방향을 잡았을 당시, 젊은 대통령이 적극적으로 행동에 나섰습니다. 에스토니아는 인구도 적고 자원도 없으니, 경제 성장을 이끄는 유일한 길이 디지털밖에 없다고 판단한 거죠. 대통령을 중심으로 정부가 디지털 경제, 디지털 국가를 선언하고 일관되게 정책을 편 것이 좋은 결과를 낳은 것 같습니다. 현재 에스토니아는 초등학교에서 코딩 교육을 의무화하고 있습니다. 그 결과 몇몇 IT 기업들의 글로벌한 성공사례가 나오게 되었고, 이를 본 청년들이 또다시 혁신적인 스타트업을 많이 벌여나가면서 진취적인 사회 분위기가 형성된 겁니다.

곧 다가올 새로운 통제의 시대에 필요한 리더십이란 무엇일까? 기술이 발전하는 만큼 이것을 책임감 있게 사용하는 것이 중요해진다. 예를 들어 데이터를 수집하고 나면 이를 오용해서는 안 된다. 여기에는 법과 규제가 필요하다. 민주주의 사회라면 법과 규제를 만들 수 있겠지만, 여기서 더 나아가 국가 간의 협의도 필요해진다. 데이터는 국가를 초월해 어디든 갈 수 있기 때문이다.

수바라오 캄밤파티 미국 내의 모든 데이터가 다른 나라 어딘가에도 존재할 수 있다는 걸 알아야 합니다. 서울의 건물은 서울에 있잖아

요. 그런데 서울의 데이터는 대구에 가 있을 수도 있어요. 반드시 특정 장소에만 있는 건 아니기 때문에 수많은 국제적 협력이 필요합니다. 물론 세계에 여러 정부가 존재하기에 현실적으로 어려움은 있겠지만요.

최근에 미국에서는 안면인식 기술을 사용하지 않기로 했습니다. 그런데 이 데이터를 불법화하지 않은 다른 나라로 전송한다면 어떻게 될까요? 그들이 안면인식을 한 후, 개인을 위해 정보를 알려주게 되겠죠. 이처럼 나라의 법을 우회하는 방법이 생기게 돼요. 기술의 올바른 사용을 위해서는, 일정 수준의 국제 협업이 필요한 이유입니다.

우리는 앞으로 이런 디지털 시스템을 안고, 이 시스템에 기대어, 이 시스템과 함께 미래를 살아갈 것이다. 아이러니한 것은 정보사회가 강화되면 강화될수록 국가의 통제가 더 필요해진다는 사실이다. 결국 남는 문제는 국가가 왜 통제하느냐가 아니라, 국가는 무엇을 어디까지 통제해야 하는가다.

작은 정부와 큰 정부

2020년 3월, 유럽의 거의 모든 나라에서 확진자가 폭증했다. 그때 가장 충격적인 그래프를 그리며 세계를 놀라게 한 곳은 바로 이탈리아. 이번 팬데믹의 가장 큰 미스터리로 기록되고 있는 곳이다.

이탈리아에는 20개 주가 있다. 그런데 기이한 것은 유독 이곳, 롬바르디아주에서만 특별히, 엄청나게 많은 수의 확진자가 발생했다는 사실이다. 신문의 모든 면이 부고로 채워지고, 시신을 담을 관이 부족할 정도로 사망자가 폭증했다.

그렇다면 롬바르디아주는 어떤 지역일까? 이 지역은 이탈리아에서 가장 부자들이 많이 사는 곳이다. 1인당 국민 소득이 20개 주 중에서 가장 높다. 그런 곳에서 왜 이런 비극이 발생했던 걸까? 롬바르디아주 비극의 원인은 현재 두 가지 정도로 추정되고 있다.

첫 번째 요인은 그들의 부가 그들의 발목을 잡았을 가능성. 롬바르디아주는 이탈리아 최고의 상공업지역이다. 그만큼 공장도 많고 인구도 많다. 이탈리아 첫 번째 확진자도 이곳에서 나왔다. 3월

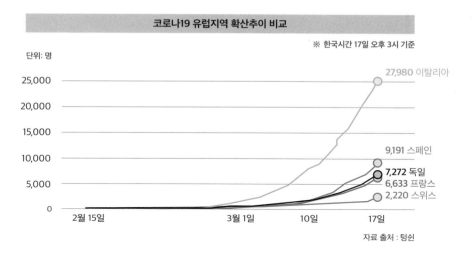

코로나19 유럽지역 확산추이 비교

※ 한국시간 17일 오후 3시 기준

단위: 명

27,980 이탈리아

9,191 스페인
7,272 독일
6,633 프랑스
2,220 스위스

25,000
20,000
15,000
10,000
5,000
0

2월 15일   3월 1일   10일   17일

자료 출처 : 텅쉰

8일 이탈리아 중앙정부는 봉쇄령을 내린다. 그러나 롬바르디아주
는 이에 따르지 않았다. 필수적 생산은 제외한다는 조항을 달아 공
장의 가동을 계속 허용했다. 상공업계의 입김도 작용했을 것으로
보인다. 그렇게 2주를 허비했다. 두 번째로 추정되는 요인은 의료
민영화의 비율이다. 민영화를 추진하면서 공공의료가 약화되었다.

문정주   밀라노를 주의 수도로 삼은 롬바르디아주는 이탈리아 지
도상에서 거의 북쪽 끝에 위치합니다. 그리고 인구가 굉장히 많아
요. 이탈리아 인구가 6,000만 명 정도 되는데, 롬바르디아주에만
1,000만 명이 살고 있습니다. 밀라노를 중심으로 패션이라든가 산
업이 많이 발달되어 있어서 소득도 높아요. 의료 수준에 있어서도
롬바르디아주는 상당히 발전해 있어요.

그런데 내부적으로 보면 다른 특징도 가지고 있습니다. 우선 정치적으로 굉장히 보수적이에요. 그래서 작은 정부, 즉 정부의 기능을 최소화하는 걸 지향하죠. 1995년부터 지금까지 25년 이상을 한 정당이 계속 집권하고 있어요. 북부동맹이라고 하는 이 정당이 지향하는 것은 연방제입니다. 그 이면에는 다음과 같은 이유가 있습니다. 우선 이 주에 부자들이 많다 보니 세금을 많이 내는데, 세금이 소득수준이 낮은 주, 특히 남쪽에 있는 주로 가는 것에 대해서 불만을 가지고 있어요. 비슷한 관점에서 의료 역시 국영의료를 약화하는 정책을 썼어요. 어떻게 보면 민영화를 추구하는 거죠. 1990년대 후반부터 20년 넘게 민영화를 추진해왔다고 합니다. 그래서 다른 주와는 달리 이 주에서는 공공병원이 줄어들었죠. 이탈리아 전체로 보면 공공병원의 병상이 전체 병상의 80%고, 사립병원의 병상은 20% 정도입니다. 근데 롬바르디아주는 공공병원이 50%, 사립병원이 50% 정도 된 거예요. 이 얘기가 우리나라에선 어떻게 들릴까 모르겠어요. 왜냐하면 우리나라는 사실 사립병원 병상이 90%이고, 공공병원 병상이 10%밖에 안 되는 굉장히 특이한 나라거든요.

공공의료의 비중은 이번 팬데믹을 계기로 다시 논란의 중심에 섰다. 잘 알려져 있다시피 우리나라는 OECD 회원국 중 공공의료의 비중이 가장 낮은 나라다. 그런데도 큰 피해가 없었던 것은 환자 수가 절대적으로 적었기 때문이다. 그리고 롬바르디아주는 정부 역할을 축소했고 공공의료도 약화되었다. 그런 와중에 코로나가 터진 것이다.

문정주 국영의료제 하에서 사립병원이 많아진다는 건, 사실 그 병상의 내용이 달라진다는 뜻이 됩니다. 정부 역할을 축소하는 정책의 맥락에서 벌어진 변화기에, 사립병원들은 시장의 특성을 십분 활용해 수익과 경제적 효율을 중요하게 여기는 의료를 시행하는 거죠. 경제적인 효율을 놓고 본다면 응급의료 같은 건 비효율이거든요. 그래서 경제적인 효율을 말할 때 일단은 응급의료가 위축됩니다. 또 위축되는 것이 중환자 의료예요. 중환자 의료에는 많은 인력과 시설, 시간이 무한히 투입되는데, 경제적인 성과 측면에서 보면 비효율적이라고 판단되죠.

그래서 롬바르디아주는 응급의료도, 중환자의료도 다 약해진 상태였던 거예요. 이런 상황에서 호흡기 감염병 환자가 터져 나오는 재난에 대응할 태세가 부족할 수밖에 없죠. 환자가 눈덩이처럼 불어나는 상황에서 정부가 내린 방침도 미온적이었습니다. 대부분의 산업현장에 대해 필수 산업이라고 하면서 계속 가동했죠. 그래서 많은 사람이 출근했고요. 결국 중앙정부가 좀 극단적인 조치를 취했습니다. 중앙정부가 지정한 예외 산업을 제외하고 전국 모든 산업을 정지시켰어요.

사망자는 언제 폭증하는가? 바로 의료시스템의 수용 가능선이

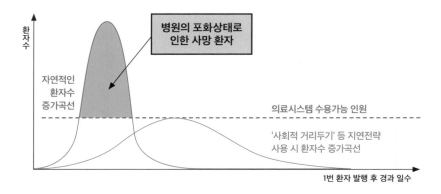

기준이 된다. 확진자 수가 수용 가능선을 넘어서는 순간, 사망자가 폭발적으로 증가한다. 그래서 사회적 거리두기 같은 지연 전략을 통해 최대한 확진자의 발생을 완만하게 관리하는 것이 봉쇄전략의 핵심이다.

의료시스템에서 수용 가능한 선이 높아지면 높아질수록, 당연히 사망자의 수는 줄어든다. 반대로 낮아지면 낮아질수록 위험은 더 높아진다. 국가가 전염병에 동원할 수 있는 공공병상의 수가 10%밖에 되지 않는 우리나라는 그 수용 가능의 선이 더 낮을 수밖에 없다. 이 핸디캡을 우리는 확진자 발생을 최대한 지연시키는 방법으로 해결했던 것이다. 만약 우리나라에서 이 정도의 확진자가 발생했다면 그 결과는 참담했을 것이다. 유럽이 그 많은 확진자 발생에도 불구하고 그나마 수습이 되어가고 있는 것은, 기본적으로 이를 감당할 수 있는 공공의료의 비율이 높았기 때문이다.

작은 정부를 지향하고 공공의료를 줄이던 와중에 터진 코로나 사태, 롬바르디아주가 맞닥뜨린 결과는 가혹했다. 이는 이탈리아만의 문제는 아니었다. 우리는 팬데믹을 겪으며 공공公共의 가치를 깨달았다. 공공 역량을 강화하기 위한 정부의 역할이 중요하다는 것도 알게 되었다.

> **자크 아탈리**　지금은 정부가 역할을 해야 할 때입니다. 민주주의 내에서 민주 정치의 투명성과 독립적인 미디어를 통해 진실을 추구할 수 있어야 합니다. 그래야만 정부의 통제가 어둠에 놓여 있지 않고 투명해질 수 있습니다. 투명성이 보장되지 않고, 필요 요건이 충족되지 못한다면 좋지 않은 통제라고 할 수 있겠죠.

모두가 큰 정부의 귀환을 예측하고 있다. 큰 정부의 귀환을 은근히 반기는 쪽도 있고, 큰 정부의 귀환을 걱정하는 쪽도 있다. 정부의 형태에 따라 공공의료의 비중은 상당한 영향을 받아왔다.

큰 정부와 작은 정부. 오래된 논쟁이다. 큰 정부는 말 그대로 정부의 기능이 큰 정부이고, 작은 정부는 정부의 기능을 최소화한 정부다. 작은 정부는 시장에 대한 개입을 최소화하겠다는 입장, 큰 정부는 시장에 대해 어느 정도의 제재가 필요하다고 보는 입장이다. 그래서 큰 정부는 전통적으로 우파들이 취하는 정책, 작은 정부는 좌파들이 취하는 정책이다.

우파와 좌파의 정권교체는 있었지만, 크게 보면 지난 몇십 년 동안 세계는 작은 정부의 시대였다. 이름하여 신자유주의 시대. 시

장에 대한 개입은 최소화됐고, 국가가 통제하던 수많은 공기업도 민영화됐다.

지금도 우리는 팬데믹의 한가운데 있고, 어느 국가가 현명했는지, 어느 국가가 어떤 실수를 했는지, 최종적인 결과는 아직 집계되지 않았다. 그럼에도 몇 가지 특징은 찾아볼 수 있다.

리처드 윌킨슨　세계 국가의 경우, 대부분 우익 지도자 아래에서 코로나 대처가 미흡했죠. 정말 흥미로운 점은, 우익 지도자들은 본인도 감염이 되었어요. 미국에는 트럼프가 걸렸고, 영국에서는 보리스 존슨 총리가 걸렸고, 브라질의 보우소나루 대통령도 코로나에 걸렸습니다. 아마도 다들, 가볍게 받아들였던 것 같아요. 악수하는 모습을 자랑하는 등, 국민 앞에 나서며 무섭지 않다는 걸 보였죠. 하지만 사실, 보리스 존슨 총리는 아주 심하게 걸렸었어요. 겪고 난 뒤에는 아마 가볍게 대할 수 없는 병이란 걸 깨달았겠죠.

보우소나루는 계속 도발했다. 하루에도 수백 명씩 사망자가 속출하고 있는데 정작 본인은 마스크도 쓰지 않은 채 지지자들과 함께 오토바이 행진을 강행하기도 했다. 상파울루주 정부가 그에게 내린 제재는, 마스크 미착용에 대한 벌금, 110달러가 전부였다. 모두의 안전보다 경제적 이슈를 우선한 지도자들은 국가를 위험에 빠뜨렸을 뿐 아니라 자신들도 코로나에 감염됐다.

리처드 윌킨슨   모든 우익 지도자는 인간의 안녕 앞에 경제적인 이슈들을 먼저 두었습니다. 그래서 초기 봉쇄가 필요했음에도 조치를 취하지 않았죠. 영국에서는 의료진의 마스크와 보호복 문제도 끔찍했어요. 적합한 보호를 받는 데 너무 많은 시간이 걸렸고, 이러한 무능함이 수많은 사망자를 낳았습니다.

사회가 이렇게 불평등이 심화되면, 신뢰도도 떨어집니다. 사람들은 서로를 잘 믿지 않고, 많은 음모론이 나타나죠. 어떤 사람들은 코로나가 존재하지 않는다고 정말로 믿었어요. 또 마스크 착용을 거부했죠. 이렇게 달라진 사회의 전체 분위기 때문에, 불평등이 심한 국가에서 질병이 더욱 급격하게 확산하고, 더 많은 사망을 불러왔다고 봅니다.

제 생각에는, 모든 나라가 국민에 대한 무료 의료 시스템을 개발해야 한다고 생각해요. 그것이 보험 기반이든, 세금 기반이든 간에요. 모든 국가 보건 체계에는 자금이 말라버렸습니다. 간호사 수는 너무나 부족하고, 정부는 여전히 그들의 급여 인상을 낮추고 있어요. 반드시 해결해야 할 부분이죠. 이를 위해서는 정부의 다른 접근법이 필요합니다. 또한 민간 부문이 공공 부문보다 항상 더 낮고 효과적이라는 사람들의 의식 자체를 바꿔야 한다고 봅니다. 공공 서비스 윤리는 엄청나게 중요합니다. 이것은 결국 응급상황을 대처하고자 하는 의지에 있어 핵심이죠.

많은 국가들이 코로나19를 잘 몰랐고, 과소평가하기도 했다. 그 결과 피해는 더욱 커졌으며, 정부는 국민의 신뢰를 잃었다. 이 팬데믹을 끝내고 언젠가 올지 모를 다음 팬데믹을 준비하기 위해 정

부의 역할을 재고해야 할 시점이다. 리처드 해쳇은 직접적으로 전염병을 근절시킬 투자에 힘쓰는 한편, 신뢰를 회복하고 상호주의에 입각해 공동체를 보호해야 한다고 말한다.

리처드 해쳇 정부는 자국민들을 책임져야겠죠. 위협을 완전히 근절시키는 데 꼭 필요한 백신, 진단, 치료법과 같은 수단 개발과 투자 확보에 집중해야 합니다. 백신을 확보한 국가들은 정부가 으레 해야 할 일들을 하면 되고요.

정부는 이와 같은 위기 상황에서 지침을 제공하고 신뢰를 유지하기 위해 국민들에게 정보를 공개해야만 합니다. 이런 사항들이 정부 입장에서는 상당한 도전이었는데요. 바이러스 창궐 초기에는 그 위험성을 알지 못했습니다. 얼마만큼 전파력이 있는지에 대한 정보도 없었고, 방역 수단도 없었고요. 사실상 정부도 국민과 같이 실시간으로 배워나갔어야 했습니다. 그러다 보니 신뢰를 잃게 되었죠.

또한 보이지 않는 위기 가운데 공동체가 원했던 것은 신뢰와 동시에 함께 노력한다는 느낌입니다. 정부는 공동체 보호를 위해 필요한 사회 자금 확보와 사회 상호주의를 끌어내야만 합니다. 공동체를 이루는 구성원들에게 공신력 있는 정보원으로서 작용하도록 도와야 할 것입니다.

코로나19는 단순한 바이러스나 질병을 넘어 문명사적으로도 큰 변화를 가져올 것이다. 코로나 대전환 후에는 어떤 변화가 일어날까. 지난 30~40년 동안 세계를 지배해온 신자유주의는 크게 흔들리고 있다. 정부 개입이 적을수록 좋다는 생각은 설 곳을 잃었다. 지난 시대의 고정관념은 산산조각 나고 있다.

무엇을 통제할 것인가

신자유주의의 흐름 끝에 코로나가 왔다. 그러자 갑자기 상황이 바뀌었다. 국가가 해야 할 일의 영역이 폭발적으로 증가하고, 국가가 제대로 대처하지 못할 경우 상상을 초월하는 비극이 발생했다. 세상이 갑자기 큰 정부를 필요로 하는 시대로 바뀌어버린 것이다. 마르쿠스 가브리엘은 신자유주의가 종말을 맞이했다고 말한다.

마르쿠스 가브리엘　이번 팬데믹은 인문학적으로 생각했을 때 확실히 시대적 변화를 초래했다고 봅니다. 마치 1755년에 발생한 리스본 지진의 글로벌 버전이라고나 할까요. 물론 이번 사태는 국지적인 문제가 아니라 심각한 국제 문제죠. 역사상 최초로 모든 사람이 똑같은 일을 겪고 있고, 이것이 인류에 변화를 초래할 것입니다.

　지금 세상은 모든 것이 동기화되었죠. 디지털 매체 등으로 인해 80억 세계 인구가 밀접하게 연결되어 있어요. 물론 조금씩 다른 팬데믹 양상과 현상들이 일어나긴 하지만, 세계적으로 유사한 일들이 발생하고 있습니다. 지금까지 들어보지 못했던 방식으로 우리가 서로 연결되어 있다는 사실로 미루어볼 때, 우리는 현재 30년간 지속되어 온 신자유주의 세계화의 마지막을 목격하고 있다고 봅니다.

코로나 초기에 정부가 적극적으로 개입해 질병 통제를 하고 복지제도를 활용한 나라들은 피해자를 최소화한 반면, 정부 개입을 제때 하지 않은 나라들은 뒤늦게 봉쇄 조치를 하면서 경제적 피해까지 크게 입었다. 이번 위기를 통해 많은 나라가 정부와 기업 그리고 시장의 역할을 다시 생각하게 될 것이다. 이에 장하준 교수는 정부의 역할이 확대될 것이라는 의견을 밝혔다.

장하준　이번 일을 계기로 신자유주의에서 금과옥조로 여기던 여러 가지 터부가 많이 깨졌죠. 정부가 재정적자를 내면 안 된다고 얘기해왔는데, 지금 다들 유례없는 적자들을 내고 있습니다. 또 독일처럼 재정에 있어서 보수적이기로 유명한 나라는 정부 부채의 한계를 정해놓은 법이 있는데 그걸 정지해버렸죠. 시장주의를 발명한 영국에서는 정부가 직원들 월급의 80%씩 대주면서 해고하지 말라고 하고 있고요. 모든 나라에서 기업에 보조금과 대출을 지원해주고 있습니다.

　물론 팬데믹이 끝나면 몇몇 신자유주의 신봉자들은 비상사태에서 벗어났으니 다시 옛날로 되돌려야 한다는 주장을 펼치겠지만, 이번 일을 계기로 이미 사람들이 정부가 개입을 덜 하는 것이 꼭 좋은 것만은 아니라는 사실을 느꼈을 겁니다.

일단 제도를 확대하면, 하루아침에 다시 되돌리기란 어렵습니다. 따라서 정부의 역할이 분명히 확대될 것이라고 봅니다. 또, 이번 사태를 통해 많은 나라들이 자국의 약점이 무엇인지 알게 되었어요. 예를 들어 우리나라의 경우도 질병에 잘 대응하긴 했지만, 자영업자들이 복지와 노동권의 사각지대에 놓여서 그 고통을 맨 앞에서 맞았고 플랫폼 노동자들 역시 고생을 겪었거든요. 그렇다 보니 국민 보편적인 복지를 시행하지 않으면, 또 이런 일이 일어났을 때 많은 사람이 희생당할 것이라고 느꼈겠죠. 전반적인 확대로까지는 이어지지 않는다고 하더라도, 국가의 역할이 특정 부분에서는 분명히 확대될 필요가 있다는 게 감지된 겁니다. 정치적으로 많이 용납됐기 때문에 앞으로 사회를 재구성하는 데 이번 경험이 많은 영향을 끼치리라 봅니다.

포스트코로나 시대에는 큰 정부가 나타날 가능성이 높다는 것을 예측해봤다. 그러나 큰 정부는 단순히 규모만 큰 정부나 권위적인 정부여서는 안 된다. 국민들이 신뢰하는 투명하고 효율적인 정부여야 한다. 큰 정부는 시민들의 적극적인 참여를 바탕으로 존재할 것이다. 리처드 윌킨슨은 코로나를 통해 사회와 정부의 새로운 가능성을 발견했다고 말한다.

리처드 윌킨슨　팬데믹의 예기치 못한 영향 중 하나는 우리가 함께 버

티고 있다는 심리적 연대와 사회적 화합을 높였다는 점입니다. 수많은 지역에서 사람들이 단체 대화방을 만들어 거리와 마을을 돌아보기 시작했어요. 혼자 사는 노인들을 돌보며, 그들에게 음식 등이 있는지를 확인했죠. 정부조차도 고립되고 취약한 노인들에게 음식 꾸러미를 보내기도 했어요. 이전에는 정부가 하는 일이라고 보기 어려운 것들입니다.

우리의 사회, 정부, 정부 부처들이 우리의 생각보다 더 유연하다는 걸 새롭게 알게 된 겁니다. 이는 기후 변화 문제에 접근하고 대처하는 방식에도 적합하다고 생각합니다. 저는 정부가 예산이 부족하다거나 국민의 생활방식을 바꿀 수 없다는 말을 더 이상 믿지 않습니다. 우린 팬데믹 동안 이미 그렇게 했으니까요.

지구상의 모든 사람에게 똑같이 다가온 전염병의 위협. 혼란과 혐오, 갈등도 있었지만 공동체 의식과 인류애도 확인할 수 있었다. 다른 사람이 안전하지 못하면 나도 결코 안전할 수 없다는 전염병의 역설은 경쟁과 개발만을 지향해오던 인류에게 큰 교훈을 주었다. 팬데믹의 경험은 인류의 자산이 될 수 있을까. 포스트코로나 시대에 화합과 포용에 세상을 맞이할 수 있을까. 팬데믹의 안개가 걷히면 새로운 시대의 과제가 우리를 기다린다.

이제 겨우
1막이 끝났을 뿐이다

지금까지 우리는 코로나19의 발생으로 맞닥뜨린 변화, 그리고 맞이할 변화에 대해 이야기했다. 그러나 아직 하지 않은 이야기가 있다. 코로나19의 발생, 그 처음으로 다시 돌아가 보자. 코로나19는 왜 발생했는가? 그 원인을 거슬러 올라가면 인간들의 환경 파괴로 인한 기후 변화로 보는 견해가 많다. 영국 케임브리지대 연구팀은 코로나19가 사실상 기후 변화에서 비롯됐다는 연구결과를 발표하기도 했다. 지난 100년간 기후변화로 중국 등지가 박쥐가 살기 좋은 환경으로 바뀌었고, 야생동물 거래가 늘면서 코로나 바이러스가 등장했다는 것이다. 경제 개발과 부의 축적을 위한 인간의 욕망이 자연을 파괴했고, 그 결과는 다시 인간에게로 돌아왔다.

마르쿠스 가브리엘 지난 20년을 되돌아보면 사스SARS, 메르스MERS, 돼지 인플루엔자 등이 나타났었죠. 또한 인구밀도가 높아짐에 따라 전염병들 사이의 시간 간격이 점점 짧아지고 있고요. 동물들의 서식지가 감소한 탓에 이 영향으로 인류가 이제 팬데믹 시대로 진입했다고 말할 수도 있겠습니다. 단언컨대, 이번이 금세기의 마지막 팬데믹이 아닐 겁니다.

코로나19 위기를 통해서 알게 된 것은, 우리가 이미 많은 사실을 알고 있음에도 불구하고, 지구의 근본적인 것을 컨트롤할 수 없다는 사실입니다. 그렇기 때문에 '우리가 자연의 한 일부분으로서 어떻게 살아갈 것인지를 배워야 한다'는 걸 알게 되었죠. 이제 우리는 우리의 동물성을 새롭게 이해해야만 합니다. 인간인 것으로부터 도망가면 안 됩니다. 미국의 철학자 스탠리 카벨의 말을 기억해야 합니다. "인간성을 거부하길 바라는 것만큼 인간적인 것은 없다."

팬데믹으로 인해 인간의 활동이 줄자 생태계가 건강해졌다는 소식이 들렸다. 코로나는 인류가 얼마나 자연을 파괴하고 있었는지 역설적으로 보여준 것이다. 중국 인민대 원톄쥔 교수는 인류가 그동안의 방식을 반성하고 자연과의 공생을 생각해야 한다고 말한다. 다음 세대를 위해서라도 지속 가능한 발전을 지향해야 한다.

원톄쥔　저는 인간이 자연과 더욱 친해지고, 정치·경제·문화 등 활동 전반에서 인류와 자연의 공생을 기본 원칙으로 삼아야 한다고 생각합니다. 자연을 계속 파괴하면 인간도 살아남을 수 없습니다. 따라서 인간은 자연으로 회귀하고, 자연을 경외해야 한다고 생각합니다. 그래야 인류도 생존하고 발전할 수 있습니다.

전염병은 결코 쉽지 않은 일이며, 세계를 위기에 빠뜨렸습니다. 그리고 세계 위기는 경제 위기로 이어졌습니다. 인류 사회는 생존 방식과 극단적인 발전주의를 반성해야 합니다. 이 문제는 전염병으로 인한 것이 아니라 인류의 발전 방식 때문입니다. 전염병 이전으로 돌아가기 이전에, 사람들이 스스로 전염병이 인류에게 적극적인 것이 아니라 소극적이었음을 깨닫기를 바랍니다. 이번 코로나 팬데믹을 기회 삼아 인류가 스스로 지속 가능한 발전을 하기를 바랍니다. 인간과 자연이 화합하기를 바랍니다. 그래야만 미래가 있고, 후손에게도 미래가 있습니다.

우리는 팬데믹을 통해 배우고 있지만 여전히 모르는 게 너무 많다. 자연은 예측하기 힘들고 인간은 자연 앞에서 너무나 작은 존재일 뿐이다. 최소한의 수정만 하고 원래 하던 식으로 하자는 태도는 또 다른 재난을 만들 것이다. 코로나 이후의 세상, 우리는 뭘 준비해야 할까? 슬라보예 지젝은 험난하고 어려운 시대가 우리를 기다리고 있을 것으로 봤다.

슬라보예 지젝 오늘날 가장 이상적인 유토피아는 원래 하던 대로 하자는 식, 일단 최소한의 수정만 하고 나면 이후에는 어떻게든 살겠지 하는 태도입니다. 그러면 이번 팬데믹에서는 살아남을 수 있겠죠. 하지만 다른 일이 또 일어납니다. 예를 들어, 북부 시베리아에서 일어날 일을 한번 상상해보십시오. 지난여름 북극해 해안가 온도가 섭씨 34도까지 올라갔다고 해요. 서리가 다 녹았어요. 이 변화가 전 세계의 날씨, 기온 기타 등등을 어떻게 바꿀지 누가 장담할 수 있을까요? 몇 군데는 좋은 변화가 있을 수도 있어요. 북부 시베리아는 기온이 올라가서 비옥해질 수도 있고요.

그런데 다른 지역은 어떻게 될까요? 너무 복잡하게 얽혀 있어 저로서는 확실한 해결책을 제시할 수 없습니다. 우리는 조심하기도 해야 하지만 동시에 확실한 일들, 새로운 변화를 행동에 옮겨야 합니다. 그리고 어떤 때는 위험도 감수해야 합니다.

그러나 먹고살기 힘든 사람에게 자연을 보호하라고 말하기는 힘들다. 리처드 윌킨슨은 불평등을 줄이고 사람들이 모두 똑같은 짐을 나누고 있다고 느껴야만 조금 불편하더라도 변화에 동참할 것이라고 말한다. 그래서 다시 사회의 평등이 중요해진다. 공동체의 상생이 실현되어야 생태계와의 공생도 수월해진다.

리처드 윌킨슨 저는 거대한 변화가 오고 있다고 생각해요. 여러 나라 사람의 의견을 들어보면, 나이 든 사람보다 젊은 사람들의 생각이 훨씬 더 급진적입니다. 환경 문제, 성별 문제, 인종 차별과 국제주의 등의 문제에 대해서요. 문제는 나이 든 세대예요. 제 나이대의 사람들, 나이가 있는 사람들은 훨씬 더 보수적인 입장을 보이고 있어요. 만약 기후 변화 속에 생존하려면, 특별한 변화들을 빠르게 만들어내야 합니다. 예를 들어 영국 정부는 2차 세계대전 중에 사회적 계층 구조를 줄이기로 결정했어요. 즉, 불평등을 줄여야 한다는 결정을 내린 거죠. 사람들에게 전쟁의 짐을 공평하게 지고 있다고 느끼게 하려는 의도였습니다. 의도적으로 불평등을 줄여, 사람들이 그 짐을 똑같이 나누고 있다고 느끼게 만든 거예요.

얼마 전에도 흥미로운 일이 하나 있었죠. 프랑스의 마크롱 대통령이 유류세 인상을 발표하자 '노란 조끼Gilets Jaunes' 시위가 벌어졌습니다. 연료에 대한 세금 인상이 부당하다는 것이었습니다. 이 시위는 프랑스 전국에서 몇 달간 걸쳐 계속되었고, 금융 체계 전체가, 세금 체계 전체가 불공정하다는 주장을 했죠. 그리고 파리의 가장 비싼 레스토랑에 대한 공격 등이 일어났어요.

이처럼 사회의 불평등을 줄이지 못한다면, 우리에게 필수적인 지속 가능성으로의 전환에 대중이 참여하지 않을 겁니다. 사람들에게 고기를 덜 먹어야 한다며 고기에 세금을 부과하고, 또 탄소 연료 등에 세금을 부과한다면, 혹은 사람들이 항공편으로 나가는 해외 휴가를 많이 못 가게 한다면, 엄청난 시위에 직면하게 될 겁니다. 그리고 이를 피할 수 있는 유일한 길은 그 부담을 모두가 똑같이 진다고 느끼게 하는 거예요. 우리 모두가 이런 전환을 위해 함께하고 있다고 말입니다.

많은 석학들이 팬데믹의 상황을 전쟁에 비유했다. 그만큼 우리는 절체절명의 위기에 놓여 있다. 그리고 위기를 기회로 만들지 못한다면 미래는 암울하다. 지금까지 석학들이 꺼내놓은 이야기들은 관점의 차이는 조금씩 있을지언정, 결국 이 말로 귀결되는 듯하다. 인간답게, 함께 살아가는 것.

마르쿠스 가브리엘 우리만의 인간성을 회복하고, 어떻게 함께 인간답게 살 것인지를 깨우쳐야 합니다. 서로를 적으로 만드는 것이 아니라 이해해야 한다는 겁니다. 어디 출신인지에 상관없이 아시아인지, 서양인지 상관없이 말이죠. 왜 인간만이 같은 방식으로 바이러스에 감염이 되었는지가 그 이유가 되어줄 겁니다. 이번 사태는 글로벌 윤리의식이 살아 있는 사회를 만들 수 있는 기회라고 봅니다.

이번에 윤리의식을 세우지 못한다면 아주 끔찍한 방식으로 21세기를 진입한 것과 다름없습니다. 3차 세계대전도 배제할 수 없는 상황이 될 겁니다. 그래도 저는 공생의 길을 찾을 수 있을 거라고 생각하기 때문에 희망이 있다고, 긍정적으로 바라보고 있습니다.

정말 진지하게 우리가 모든 방면에서 국경을 넘어서야 한다고 봅니다. 마치 바이러스처럼 말이죠. 제가 조금 도발적인 발언을 해도 될까요. 우리는, 결국 바이러스처럼 되어야만 합니다.

촬영 비하인드

⟨A.C.10⟩ 제작진은 10년 뒤 미래를 상상하며, 국내 다큐멘터리 사상 최초로 XR(확장현실)스튜디오를 구축했다. XR(확장현실)은 가상의 공간에 실사와 그래픽이 함께 존재하게 하는 시스템이다.

이를 구현하기 위해 영화나 게임 제작에 활용되는 언리얼엔진(Unreal Engine)을 도입해 현실

감을 높이고 시각 특수효과를 이용해 영상미도 더했다.

'버추얼 프로덕션'은 CG로 제작된 배경을 실시간으로 촬영되고 있는 영상과 합성하여 시각화

하는 기술로 'in Camera VFX'라고도 한다. 과거에는 크로마키에서 영상 촬영을 한 뒤 그라

픽을 얹혀서 수정하느라 후반 작업에 많은 시간을 소요해야 했다.

하지만 'In Camera VFX' 시스템을 이용하면 실시간으로 영상을 확인하고 수정하여 짧은 시간 내에 완성도를 높일 수 있다.

2부 '노동의 재구성' 편과 3부 '국가의 이유' 편에서는 대형 미디어월 세트를 선보였다. 바닥

재, 미디어월, 조명 등을 그래픽으로 실사와 거의 흡사하게 구현했다.

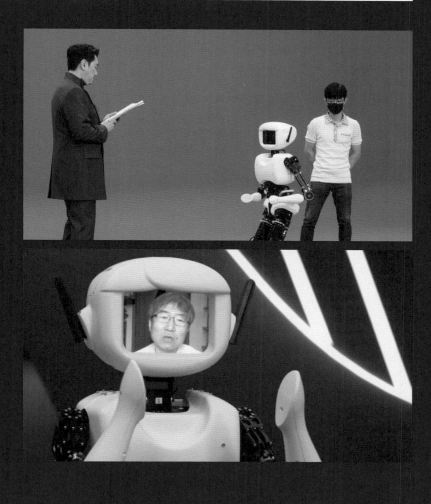

인터뷰에 사용된 로봇은 한양대학교 한재권 교수의 히어로즈팀과 협업하여 제작했다. 가상

현실 기술을 이용하여 원거리에 있는 사람을 마치 현장에 있는 것처럼 생생하게 구현하는 텔

레프레전스 로봇이다.

팬데믹 이후의 세계 A.C.10

초판 1쇄 2021년 11월 1일

지은이 | JTBC 팩추얼 〈A.C.10〉 제작진

대표이사 겸 발행인 | 박장희
부문 대표 | 이상렬
제작 총괄 | 이정아
편집장 | 조한별
책임편집 | 김수나
마케팅 | 김주희, 김다은

진행 | 조창원
디자인 | 최우영

발행처 | 중앙일보에스(주)
주소 | (04513) 서울시 중구 서소문로 100(서소문동)
등록 | 2008년 1월 25일 제2014-000178호
문의 | jbooks@joongang.co.kr
홈페이지 | jbooks.joins.com
네이버 포스트 | post.naver.com/joongangbooks
인스타그램 | @j__books

ⓒ JTBC, 2021
ISBN 978-89-278-1261-6 03300